COLECCIÓN DE LOS MUSEOS DE BELLAS ARTES DE SAN FRANCISCO

MUSEO NACIONAL DE ANTROPOLOGÍA
septiembre, 2002 - enero, 2003

D.R. © Instituto Nacional de
Antropología e Historia
Córdoba 45, colonia Roma,
06700 México D.F.

Impreso y hecho en México /
Printed and made in Mexico

ISBN 970-18-8301-2

Coordinación editorial
Luis Fernando Ayala-Sarabia

Coordinación académica
Raffaela Cedraschi

Fotografía
Joseph Mcdonald
Museo de Bellas Artes de
San Francisco

Digitalización y retoque
Juan Haquet Clovis

Preparación a pre-prensa
Enrique Hernández

Diseño
Mónica Zacarías Najjar
Rafael Sámano Róo
Jaime Soler Frost

Índice

Presentaciones

El misterio africano trasciende lo material. Esto puede observarse en cada una de las obras exhibidas en *África*, exposición que simboliza y expresa a un continente lleno de riqueza y complejidad cultural en una inmensa geografía, que debe ser descubierta por el público mexicano, sobre todo por los aportes culturales que marcan nuestro presente étnico, musical, culinario, estético, lingüístico.

La estética africana, como podrá apreciar el espectador, no está alejada de nuestras raíces: una talla en madera transmite calidez, una joya promete exquisitez, en la máscara se observa el embrujo de quien la usa.

África es una invitación a descubrir la riqueza y complejidad cultural de ese continente de abundancias, a partir del disfrute de objetos etnológicos de alta calidad estética y representativos de toda la región. De esta manera, *África* brinda al público mexicano la posibilidad de encontrar uno de los surcos que ha marcado el camino de la humanidad desde los tiempos más antiguos.

Cada una de las 308 obras pertenecientes a los Museos de Bellas Artes de San Francisco ofrece una idea de la riqueza cultural de África, porque la exhibición ha sido concebida para mostrar un balance entre lo estético y lo etnológico. Las artes africanas destacan por la fuerza y el impacto directo de sus imágenes, por su diversidad conceptual y formal, por su calidad y su abundancia.

La diversidad de la colección pone de manifiesto la expresividad cultural de un continente, y de una vastísima variedad de etnias y tradiciones, que mediante figuras antropomorfas y objetos de ornato, hasta aquellos vinculados con lo divino, ha sabido ir de la simple evocación de los elementos naturales para el uso cotidiano hasta la motivación espiritual.

El Consejo Nacional para la Cultura y las Artes, a través del Instituto Nacional de Antropología e Historia, consciente de su papel de difusor de cultura, ha realizado un especial esfuerzo para presentar esta gran exhibición de arte africano en beneficio del público mexicano, y que se enmarca en la continuación de las exposiciones magnas sobre las grandes culturas de la humanidad.

Sari Bermúdez
Presidenta del Consejo Nacional
para la Cultura y las Artes

La intrincada construcción de la sociedad novohispana, compleja espiral de 300 años, se caracterizó por la presencia de tres estratos raciales mayoritarios (españoles, indios y negros), de los cuales derivaron numerosas combinaciones que originaron un abigarrado sistema de castas.

Los primeros africanos que asomaron al continente americano, fueron introducidos a Nueva España principalmente por la costa atlántica, para constituir un elemento central en la formación de la naciente sociedad, llegando a ser la tercera raíz del mestizaje mexicano y creando una impronta que ha marcado nuestras expresiones culturales.

Especialistas posteriores a Gonzalo Aguirre Beltrán, autor de la obra pionera *La población negra en México* (1946), han estudiado la pluralidad étnica de nuestro país, teniendo como eje la raíz viva del legado africano. Gracias a estos afanes, el enfoque etnográfico se ha ampliado para analizar y describir ceremonias civiles, rituales religiosos y diversas prácticas simbólicas transterradas, adoptadas, adaptadas y transformadas en la geografía mexicana, que nos han permitido tener una comprensión más íntegra de nuestro mundo.

En esta ocasión, procedente de los Museos de Bellas Artes de San Francisco, se presenta en el Museo Nacional de Antropología una valiosa selección de piezas del África subsahariana. En busca de nuevos horizontes y miradas, más de 300 obras, en apariencia ligadas a fines utilitarios, nos muestran una densidad estética y una creatividad ilimitada.

Actualmente, con más de 600 millones de habitantes, en esa África que se despliega al sur de la región del Sahara, se asientan 47 estados independientes con una población heterogénea, y más de 1400 lenguas incubadas en su propia historia y cultura. Por tal razón, el continente africano reafirma cotidianamente su carácter multiétnico y multifacético. Léopold Sédar Senghor, el poeta senegalés, decía: "La emoción es negra, la razón es helénica".

Para el público mexicano, esta muestra ofrece plenamente la alternativa de identificar los sutiles elementos y figuraciones con los que África logró introducir su visión del mundo en la cultura occidental, fundiendo su testimonio imborrable en múltiples formas de hacer y ser.

El Consejo Nacional para la Cultura y las Artes, y el Instituto Nacional de Antropología e Historia, presentan con gran satisfacción esta muestra, que forma parte del ciclo "Las grandes civilizaciones" y ofrecen su reconocimiento y gratitud tanto a la Secretaría de Relaciones Exteriores, como de modo particular a los Museos de Bellas Artes de San Francisco, por su disposición y apoyo para hacer posible este proyecto.

Es deseable que la exposición, y las páginas de este catálogo, nos permitan mirar *"la diversidad de las criaturas que pueblan este singular universo"*.

Sergio Raúl Arroyo
Director General del Instituto Nacional de Antropología e Historia

En el último cuarto de siglo, la colección permanente de arte africano de los Museos de Bellas Artes de San Francisco ha crecido en tal medida, que hoy día la consideramos una de las áreas clave de colecciones de nuestros museos, convirtiéndose en fuente de gran cantidad de exposiciones, programas y publicaciones. La colección incluye tanto piezas arqueológicas como de factura reciente pero, dada la frágil naturaleza de los materiales y el tórrido clima de África, la mayor parte de los objetos datan de mediados del siglo XIX a principios del siglo XX. No obstante, el tamaño de la colección y el excepcional número de piezas raras e históricas que incluye colocan al arte africano de los Museos de Bellas Artes entre lo mejor que se puede hallar en los museos de arte de los Estados Unidos.

De la misma manera que se ha dado el amplio crecimiento de las colecciones africanas de San Francisco en las últimas tres décadas, así han prosperado las relaciones de colaboración y cercanía entre los Museos de Bellas Artes y México. Estas relaciones iniciaron en 1976 con la sorpresiva donación de murales teotihuacanos, las cuales abrieron brecha a casi ya treinta años de fuertes vínculos culturales que abarcan proyectos conjuntos de conservación e intercambios académicos y culturales. Mientras esos intercambios se han enfocado casi enteramente al estudio de las artes y las culturas precolombinas, nos enorgullece conducir estas actividades hacia nuevas orientaciones culturales, en este caso, enfatizando en los ejemplos más importantes y acabados del arte africano tradicional.

Hoy día el estudio, la colección y exposición de las artes africanas prosperan tanto en museos y galerías, como en universidades de todo el mundo. Las instituciones culturales de los Estados Unidos han mostrado su creciente interés por promover el festejo de las tradiciones artísticas de los diversos países africanos. El espíritu viviente de África toma forma en el arte de sus pueblos. Se le ha celebrado dada su justa belleza y porque simboliza los múltiples aportes que la gente de origen africano ha dado a nuestra patria y al mundo entero.

Harry S. Parker III
Director
Museos de Bellas Artes de San Francisco

Arte africano de

San Francisco

Kathleen Berrin*

La historia de las colecciones africanas de San Francisco comienza con el nacimiento del Museo M. H. Young Memorial a finales del siglo XIX; el núcleo de la colección, formado durante la Exposición de Invierno de California de 1894 a 1895, tuvo lugar en el afamado Golden Gate Park de San Francisco. La Exposición de Invierno pretendía competir con la Feria Mundial de Chicago de 1893, y el responsable civil de esta empresa fue Michael H. de Young.

En esa época, y quizá incluso antes, las grandes ciudades estadunidenses competían con vehemencia por obtener beneficios económicos y culturales. El coleccionismo de obras de arte y objetos culturales era una manera provechosa de enfocar la atención al prestigio de una ciudad. En 1894, la Feria de Invierno de San Francisco se proclamaba "la mayor colección de muestras extrañas e interesantes jamás traída a Estados Unidos". Estas muestras incluían objetos (y demostraciones) de culturas tan variadas como la esquimal de Alaska, las colonias de África, las grandes islas de los Mares del Sur y de nuestros propios nativos de Norteamérica, así como obras de arte de otras regiones del mundo. Con la formación del Museo de Young, algunas de las obras entonces expuestas formaron parte de la colección permanente, a pesar de que los objetos africanos expuestos en la Feria de Invierno de 1894 eran, sobre todo, lanzas, escudos y armas, lo que ofrecía una visión muy limitada del arte y la vida en África.

La búsqueda de objetos "exóticos" alimentó las tempranas ambiciones de los museos en Europa y Estados Unidos; los museos de las ciudades aceptaban de todo. En aquellas épocas había unos cuantos curadores especializados o jefes de colecciones; muy poco se sabía sobre el arte no occidental, y generalmente los objetos africanos tampoco eran vistos como obras de arte.

Sería necesario que prestigiados artistas europeos de la talla de Pablo Picasso, André Derain y Henry Matisse revolucionaran el mundo del arte y "descubrieran" el arte africano como fundamento del cubismo en las primeras décadas del siglo XX. Uno a uno, los artistas europeos se admiraron de la estética del arte africano, sus atrevidas formas, su vehemente estética expresionista y sus sólidas cualidades escultóricas. La estética del arte africano sacudió al mundo artístico europeo y lo transformó de manera definitiva, a pesar de que nadie sabía mucho sobre las culturas o los pueblos africanos de donde provenían estos objetos.

Las colecciones de los Museos de Young crecieron al azar a mediados del siglo XX, tal como sucedió con la mayor parte de las colecciones de los museos en las grandes urbes. Hacia la segunda mitad del siglo XX, la ciudad de San Francisco estaba ansiosa por acre-

Traducción del inglés: Héctor Ortiz Elizondo

*Curadora responsable del Departamento de África, Oceanía y América en los Museos de Bellas Artes de San Francisco.

centar su prestigio cosmopolita y se mostró interesada en la diversidad cultural. Importantes coleccionistas privados de California quedaron fascinados con el arte africano y, para su gozo, el museo exhibía una amplia variedad de estos ejemplos. Instituciones universitarias del área de San Francisco, como la California University en Berkeley y el San Francisco State College (actualmente San Francisco State University), tenían en sus departamentos de historia y arte a profesores interesados en el arte y la cultura africanos. Algunos profesores como Erle Loran y John Haley, académicos y artistas, se iniciaron en el coleccionismo del arte africano en la década de los cuarenta y donaron sus colecciones al Museo de Young. En efecto, para Erle Loran, la pasión por el arte africano comenzó antes, cuando era estudiante en París y vivía en el estudio del pintor cubista Paul Cézanne.

Erle Loran tenía una atracción irresistible hacia las formas artísticas africanas. Las obras de arte se dirigían a él en términos profundamente estéticos; cuando mostraba interés por aprender algo sobre los pueblos y las culturas africanas, la información documental resultaba secundaria. Era la experiencia visual de una máscara o escultura lo que lo estimulaba, y para ello tenía un ojo experimentado. Erle Loran nunca estuvo en África; sus viajes como coleccionista se centraron en las grandes ciudades de Estados Unidos (especialmente Los Ángeles), donde obtuvo ejemplos importantes del magnífico arte africano. Construyó una casa en la zona de Berkeley Hills sólo para mostrar su colección de África. Durante años, coleccionistas, académicos y comerciantes de arte africano estuvieron en San Francisco para visitar la Colección Loran y disfrutar de los epicúreos banquetes, con refinados vinos, en compañía de este hombre elegante y conocedor. A la muerte de Erle Loran, en 1999, su legado de arte africano se incorporó a los Museos de Bellas Artes de San Francisco.

En California hubo otros coleccionistas y benefactores importantes que tuvieron una visión estética y ofrecieron estímulos firmes para el arte africano. San Francisco tuvo a un destacado corredor de arte africano, James Willis, que trabajó activamente con coleccionistas desde de la década de los setenta. En Los Ángeles se coleccionaba con afán el arte africano a partir de los sesenta; pilar fundamental en esa ciudad fue otro reconocido corredor de arte proveniente de Chicago: el fallecido Herbert Baker. Éste comenzó en el negocio de la publicidad y, al poco tiempo, se enamoró del arte africano para dedicarse a promoverlo en cuerpo y alma. Hacia el final de su vida, y en compañía de su esposa Nancy, decidieron obtener un reconocimiento permanente por sus esfuerzos. Ofrecieron al Museo de Young (que se había fusionado en 1971 con el Palacio de la Legión de Honor de California para conformar los Museos de Bellas Artes de San Francisco) destacadas obras de su colección, unas como obsequio y otras mediante su venta. Los Museos de Bellas Artes tuvieron una donadora clave, la señora de Paul L. Wattis —otra gran admiradora del arte moderno y no occidental—, al generar una feliz alianza cuando ella apoyó la compra de la mitad de la colección para la ciudad de San Francisco, la cual se benefició enormemente con la adquisición de piezas selectas de la Colección Herbert y Nancy Baker en 1986.

Mientras que algunos benefactores de las colecciones de San Francisco tenían un acusado punto de vista estético, otro grupo se enamoró del lado más cultural del arte africano. Thomas K. Seligman se integró en 1971 al museo como curador de África, Ocea-

nía y América; su visión sobre el arte africano se había moldeado, mayormente, por su historial como artista y por haber vivido en Liberia mientras trabajaba en los Cuerpos de Paz a fines de los años setenta. Los Cuerpos de Paz conformaban una dependencia del gobierno estadunidense, fundada en 1961 por el presidente John F. Kennedy, para apoyar a los habitantes de los países en vías de desarrollo. Muchos de los voluntarios de los Cuerpos de Paz de Estados Unidos vivieron y trabajaron en zonas aisladas de África, para ayudar a mejorar las condiciones de vida de sus habitantes. Dado el interés y las experiencias de Seligman al vivir en Liberia, alentó la expansión de las colecciones de arte procedentes de esta región para el museo. Más tarde, añadió una colección de arte de los pueblos tuareg del Sudán occidental.

Otro donador importante que también se inició en los Cuerpos de Paz, fue el desaparecido doctor Michael Heide, siquiatra y coleccionista que vivió en Sierra Leona. Al terminar su servicio con los Cuerpos de Paz, y establecido en el estado de Washington, Michael Heide realizó diversos viajes a África con fines comerciales y se inició formalmente en el coleccionismo. Tenía especial predilección por las máscaras humanas y animales del África occidental. Al conocer el interés y compromiso de San Francisco hacia el arte africano, poco antes de morir decidió donar toda su colección a la ciudad y al condado de San Francisco.

Por su parte, uno de los más importantes benefactores de San Francisco fue el fallecido John Gutmann, fotógrafo de renombre internacional que dio clases de fotografía en la San Francisco State University. El profesor Gutmann adquirió un profundo interés por el coleccionismo del arte africano y tenía una particular predilección por obtener figuras profundas y enigmáticas que poseyeran materiales o texturas poco comunes, así como poses del cuerpo humano que impresionaran. La integración de la Colección Gutmann, en el año 2000, otorga al patrimonio africano del Museo de Young una particular vertiente de carácter y fuerza.

La idea de intercambio cultural y la realización de una exposición especial sobre arte africano, como parte de los esfuerzos de colaboración entre San Francisco y México, surgió en 2001 estimulada por el interés del Instituto Nacional de Antropología e Historia y del CONACULTA. El museo acogió con entusiasmo la propuesta de mostrar una destacada selección de las colecciones africanas de San Francisco, en el prestigiado Museo Nacional de Antropología de la Ciudad de México.

Ahora que estas piezas se reagrupan y adquieren una nueva visión cultural por parte de académicos y museógrafos mexicanos en 2002, resulta interesante apreciar la recontextualización de obras de arte aisladas en los espacios del Museo Nacional de Antropología, quizá con una visión particularmente mexicana. Nos congratulamos por compartir nuestras obras africanas más preciadas con el pueblo de México y nos satisface a este punto —cuando estamos inmersos en la construcción de un nuevo museo en San Francisco— encontrar la ocasión para traer de gira estas importantes piezas. Luego de dos muestras en México, esta colección africana volverá a San Francisco para exhibirse en un edificio enteramente nuevo del Museo de Young, programado para inaugurarse en 2005 en el Golden Gate Park.

Vida y resistencia de la:

culturas africanas:
arte y simbolismo de los objetos

Raymundo Mier*

I. ÁFRICA: LA DISTANCIA Y EL EQUÍVOCO

La condición africana siempre ha sido para ese mundo que, por comodidad, arrogancia y desaliento llamamos Occidente, ambigua. Cercana y lejana, enigmática y de alguna manera familiar, actual y pretérita, protagonista de los dramas contemporáneos y marcada por un indescifrable anacronismo, reconocida en su desconcertante diversidad étnica, religiosa y política, y contemplada asimismo como una *región* con una identidad singular, propia, irreductible, poblada por religiones, mitos, sistemas políticos y de parentesco contrastantes que la mirada histórica de occidente redujo a una sola identidad: "los africanos". Un territorio al mismo tiempo amenazante en su extrañeza e indemne ante la avidez de riquezas y el saqueo de los colonizadores. La riqueza cultural conjuga también con inconmensurable miseria. Lugar en el que la imaginación europea urde la redención y el escape, pero también encuentra el extravío y la violencia. Sitio de incesantes empresas de devastación por parte del mundo occidental, de exclusión, de sometimiento y de desdén, pero también de generosidad ambivalente. Espacio donde se agolpan y se expresan las contradicciones más extremas y los efectos más degradantes del proceso de mundialización, también territorio donde se advierten extrañas y confusas promesas. Lugar de extrañas utopías de purificación, de renovación estética donde cada práctica original se ha querido acallar, y donde los objetos simbólicos han sido objeto de pillaje, comercio y desarraigo. Este territorio ha sido al tiempo punto clave para las tentativas antropológicas y sociopolíticas para comprender las dinámicas de la cultura humana, de su permanencia y su transformación, de sus regímenes intrincados y diversos de organización, de sus universos míticos y sus pautas propias de creación de objetos funcionales y simbólicos. Pero es también sitio donde, a partir del colonialismo, las ciencias, las técnicas, las disciplinas occidentales montaron un progresivo e implacable asedio desembocado en políticas de etnocidio y una voluntad de destrucción cultural, económica, política, demográfica. Así, África ha sido el nombre privilegiado de una vasta superficie donde la multiplicidad de las culturas y su complejidad íntima ha alentado, exhibido una y otra vez, la irracionalidad y el fracaso político y cultural de occidente, la negación de su propia voluntad de comprensión antropológica y clausura en la vocación crítica de la antropología. África emerge en la mi-

En este catálogo el nombre de los grupos étnicos aparece con mayúscula inicial.

Profesor-investigador en la Universidad Autónoma Metropolitana-Xochimilco. Profesor de las asignaturas de Teoría Antropológica y Filosofía del Lenguaje en la Escuela Nacional de Antropología e Historia.

rada antropológica como un vastísimo espectro de procesos de resistencia, pero también de una vitalidad persistente que acrecienta, aun bajo la violencia del colonialismo tan arraigado, sus procesos de diversificación cultural, de confrontación y recreación incesantes, singulares, que suscita y acoge movimientos y respuestas culturales de rebelión pero que también creó poblaciones rendidas al sometimiento. En consecuencia, un espacio donde las diversas culturas convergen para configurar un panorama político y cultural extraordinariamente dinámico y contradictorio: luchas entre grupos étnicos con arraigos ancestrales empatan con las luchas contra el deterioro de universos simbólicos y las formas de vida producto del colonialismo. Religiones, pautas de cultos de edades inciertas que se enfrentan y se funden con administraciones, tecnologías de gobierno y retóricas políticas y culturales derivadas de la modernización. Así, en esa confrontación incesante con el colonialismo, los vínculos étnicos al interior de cada una de las culturas africanas y entre ellas han adquirido nuevas fisonomías: transformaciones en todos los ámbitos: confrontaciones religiosas entre cultos vernáculos y la creciente presencia musulmana, la incorporación desigual de las economías locales al régimen de mercados, en la discordancia de los procesos de modernización y los sustratos míticos y rituales de sus instituciones originarias. Crecieron las formas de respuesta cultural y política ante la marginación: desde las luchas religiosas, las mutaciones de los regímenes de parentesco y cosmogónicas, al socavamiento de las sociedades secretas, a las formas de investidura de poder, acompañadas habitualmente con depredaciones entre grupos étnicos, o movimientos militares que, paradójicamente, condujeron en no pocas ocasiones a un ahondamiento de las secuelas del colonialismo, que hacen visibles los nuevos rasgos de las políticas globales del sistema político dominante.

II. ÁFRICA: EXOTISMO, MAGIA Y DEVASTACIÓN; LA DEPURACIÓN ESTÉTICA

En las primeras décadas del siglo XX —momento de expansión y afirmación de la antropología moderna— aparecía el texto de Raymond Roussel, *Impressions d'Afrique*, juego vertiginoso de creación verbal, del cual emerge un espectro de figuras, de personajes, de episodios engendrados a partir de la mera resonancia de las voces y locuciones francesas. Surge un mundo extravagante, poblado de hordas guerreras, elusivo, exuberante, de jirones de música corta y repetitiva, que sale en el texto solamente del deslizamiento de homofonías, de afinidades sonoras entre expresiones y significados, de variaciones y mutaciones evidentes o ínfimas entre palabras o frases. El África que emerge de esos vértigos de lenguaje es un bosquejo de universos en fusión, inconmensurables, cuya textura imaginaria bosquejaba mundos, reinados, dinastías, construía atmósferas inauditas, zoologías de lo incalificable, tramas e historias cuyo lugar era al mismo tiempo inaccesible y utópico, mágico y desconcertante, fascinante; una topografía del extravío. Si bien el texto de Roussel es un punto singular de la creación literaria y la "revuelta estética" de la vanguardia, es también señal inequívoca del perfil imaginario que evoca la palabra África en ese mundo europeo que emerge apenas de los espejismos del siglo XIX. En la originalidad —lo inaudito— de sus procedimientos de invención, *Impressions d'Afrique* es también el despliegue de una imaginación territorial y cultural creada desde la vocación del lenguaje para suscitar la significación de lo inadmisible y lo insólito, la evocación de lo primordial y lo limítrofe. África es ese lugar, santo y seña para el vértigo de una lejanía. Es una lejanía equívoca: exaltada como lugar de la magia, construida también por "occidente" como lugar de las identidades primordiales y lo exótico, pero también como el lugar de un primitivismo trascendental que anuncia ya la imposibilidad, el derrumbe anticipado, del "ascenso" civilizatorio; para la fantasía diseminada en occidente, África aparece como la visión exuberante y visible de un residuo arqueológico vivo aunque en persistente e infatigable destrucción, el testimonio de una enigmática preservación en las etapas primarias del "desarrollo de las culturas". En efecto, la imagen de África ha sido presa de esta representación que conjuga lo primordial y la percepción de lo intolerable de la propia identidad. Durante la extensa exploración y explotación colonial de África a fines del siglo XIX esta imagen dual, equívoca, se difunde e impregna todo el ámbito cultural europeo. Es el momento consagrado por la novela de Conrad, *El corazón de las tinieblas*, que revela simultáneamente, a través de la narración figurada del viaje hacia las fuentes del río Congo, en el corazón del África, el encuentro del hombre contemporáneo —surgido de la civilización europea— con la selva, con los hombres que ahí habitaban pero, sobre todo y finalmente, con la imagen primordial de sí mismo y no puede sino experimentar el horror engendrado por ese encuentro con el territorio de lo primordial —la selva, "los salvajes"—. El hombre europeo encuentra ahí, en el centro de la selva, en medio de los "salvajes", su propia imagen que no es sino de una fuerza descarnada, intolerable, que se exhibe como una iluminación aterradora y amenazante, para revelar la condición intemporal de lo humano. El hombre europeo se muestra ajeno a toda purificación y su capacidad de devastación permanece en el centro mismo de la lucidez del proyecto civilizador. El África en Conrad emerge como una metáfora conmovedora, brutal, crítica, del propio centro de lo humano, intacto, devastador, que se propaga y se preserva, mudo, silenciado en los rostros contemporáneos, como la verdad atroz de lo humano que se inscribe incluso en aquellos rostros más inocentes y más amorosos, que subyace al cuerpo mismo de occidente, para irrumpir intempestivamente. El siglo XIX forja una visión de África que se mantendrá y extenderá —transformándose según las exigencias de las distintas mitologías contemporáneas— como el lugar por excelencia donde culminan en una búsqueda de escape y de expiación las empresas poéticas de Rimbaud, o bien donde se revela el sentido radical de la exploración cubista de las formas plásticas, es el destino de la errancia narrativa de Paul Bowles, donde surge la alianza vital de lo primordial y lo revolucionario del *free jazz*, donde encuentra su expresión natural, escénica, la exuberancia política y cinematográfica de Passolini; es el territorio imaginario hacia donde se vuelve la aspiración revolucionaria, la apuesta poética de la *negritud* —concepto desafiante acuñado y expresado en la obra poética de Aimé Césaire y de Sédar Senghor— o el que evocan los radicalismos de los Black Panthers o Eldrige Cleaver en el momento álgido de los movimientos juveniles de la década de los sesenta o tempranos años setenta. África aparece episódica aunque reiterativamente como ese dominio de la *lejanía inminente, íntima, intransitiva* en que se conjugaron no pocas veces las invocaciones de lo mágico, lo extraordinario, lo inimaginable, con fantasías románticas o con la ficción nostálgica de los intelectuales, artistas, escritores, *outsiders*, por el reencuentro de lo oscuro, lo primordial, lo primitivo, lo incontrolado. Pero fue quizás el gran estallido de Argelia, la gran derrota moral del Imperio, el derrumbe íntimo de la arrogancia colonialista francesa, la que habrá de hacer patente para el mundo moderno otro rostro de África. La conmoción producida por la violencia de la guerra de liberación argelina, a pesar de haber sido acallada de inmediato, permaneció latente en la memoria colonial, aunque fue incapaz de mitigar el desdén de "occidente" por los reclamos del movimiento de emancipación africano. La lucha anticolonialista mostró uno de sus rostros más inquietantes en las batallas del Frente de Liberación Nacional Argelino. Ese movimiento de resistencia abierta, violenta, de los pueblos sometidos frente a la implantación colonial no sólo reveló la tensión inextinguible entre la "razón occidental" y la fuerza vital de los colonizados: debajo de la visión que occidente alentaba del territorio africano, utópica, romántica, exótica, la exaltación de una fuerza estética inaudita de las culturas africanas expresa en movimientos culturales de vanguardia, apareció lo evidente pero permanentemente sofocado: el *odio* de occidente por ese mundo que lo confrontaba desde hacía ya siglos y que exhibía los límites de la racionalidad del proyecto civilizador, que hacía patente el racismo, la exclusión, la tiranía y la barbarie sobre la que se sustentaban el bienestar y la elocuencia de la civilización europea. Todavía resuenan las palabras de Sartre ante el espectro de la espiral de violencia y exclusión colonialista en África, una espiral sin fin que se alimenta de sí misma: "el terror y la explotación deshumanizan y esta deshumanización autoriza al explotador para explotar aún más".[1] Son palabras que no han perdido su capacidad de iluminación. Sartre advierte enfáticamente que no son sólo los colonizados los degradados. La degradación hace presa de quien coloniza. La máquina colonizadora, subraya, degrada a ambos, aunque el colonizado surja con el rostro de la plenitud. Las palabras que Sartre escribe en 1957 adquieren hoy una extraña resonancia a raíz de las experiencias contemporáneas en el terreno africano, a pesar del descomunal aunque precario triunfo de Mandela sobre los vestigios de un colonialismo arrastrado a la degradación del *apartheid*, cuyo fundamento social y legitimidad políticos surgieron corrompidos desde su origen por la propia condición colonial.

No obstante, a pesar de la violenta confrontación de la empresa colonizadora, África es un territorio modelado en la imaginación de occidente por las utopías de renovación o de reconocimiento, de fuga o de redención. En la imaginación de occidente esa vasta región surge dibujada incesantemente con los más exuberantes

[1] Jean-Paul Sartre, "Portrait du colonisé", en *Situations, V*, París, Gallimard, 1964, p. 54.

trazos: hay una insistente "estetización" del mundo africano: figuras paradisíacas o extraordinarias, prácticas anómalas o infames, creencias primordiales, prefiguraciones de lo incalificable y lo inadmisible, África es el lugar imposible para *otra* imaginación sin paralelo en occidente, en la que se conjugan una condición estética propia y singular y un apego a las formas rituales y míticas vernaculares. Señala también una inclinación persistente a mirar los actos y los productos complejos de la cultura africana en el marco de los criterios estéticos de la historia europea: las formas estilizadas y geométricas de objetos rituales, objetos materiales que constituyen vehículos de intercambio y de actos religiosos, económicos, guerreros, huellas y señales corporales que constituyen marcas significativas de identidad, de jerarquía, de condición o de poder, son contemplados como expresiones exuberantes de la imaginación estética. La pasión por el exotismo inviste con un resplandor particular todos los testimonios —narrativos, visuales, históricos o antropológicos— de ese territorio. Piezas y objetos que representan fisonomías de personajes míticos o de potencias que se realizan en el proceso ritual y que ordenan y dan sentido a las organizaciones sociales y religiosas, a las técnicas agrícolas, a los equilibrios políticos y la gestión de segmentos sociales en las colectividades étnicas han sido, una y otra vez, contemplados unilateralmente como contrastados con los patrones de la invención estética en la modernidad.

En una conferencia pronunciada por Michel Leiris en Puerto Príncipe, en una fecha aparentemente distante de los momentos iniciales de la antropología contemporánea —octubre de 1948, ya en la posguerra, muy cerca de la aparición estridente de la revolución estructural que habría de trastocar la mirada antropológica— su voz no puede dejar de evocar la presión que ejercían, sobre las expectativas y la mirada hacia África, las premisas del exotismo. Egipto, su primer contacto con el continente africano, esa región singular por la densidad de su memoria histórica y por la persistente presencia en el mundo occidental, no aparece ante sus ojos sólo como una cultura que yace en las inmediaciones históricas, políticas y culturales de la mirada contemporánea, marcada por una proximidad comprendida como una intimidad, como una interioridad que se confunde con el origen: la escritura, las construcciones monumentales, los tejidos míticos, los episodios históricos, las figuras y nombres del culto y la mitología. El exotismo es otra cosa. Ante la visión de Egipto, Leiris escribe:

primer desarraigo, sentimiento de exotismo que experimentaba, si se entiende por eso la impresión de estar lejos de casa y de los propios hábitos, en un mundo a la vez maravilloso y un poco inquietante puesto que todo parece nuevo y golpea los ojos, las orejas, el olfato de manera mucho más intensa que aquellas cosas a las que terminamos por no poner atención, en la medida en que la costumbre ha hecho de ellas una especie de lugares comunes o de clichés de los que no se desprende sino hastío y pierden toda significación, reducidas a nada a fuerza de haber sido machacadas continuamente.[2]

[2] Michel Leiris, "Message de l'Afrique", en *Miroir de l'Afrique*, París, Gallimard, 1996, p. 878.

La mirada recae en esa gravitación del exotismo, fascinación del desarraigo que alimenta la experiencia de lo inaudito. Pero la antropología rechaza ese exotismo, sin poder extirparlo del todo de sus propias meditaciones. Algo similar ocurrió con la experiencia estética surgida del contacto con los objetos simbólicos africanos: la música, la danza, la plástica, la escritura misma de la modernidad europea se trastocan ante el asombro que surge de la fusión de extravío y reconocimiento. A partir de esta conjugación de fascinaciones, incitaciones, exclusiones y rechazos, la presencia de África apareció como modelo y como fundamento de la exploración de las vanguardias. Los objetos simbólicos, rituales o incluso los artefactos prácticos, las telas, las indumentarias cobraron una relevancia inusual a la luz de los criterios de la estética "occidental". La preeminencia del asombro estético eclipsó parcialmente la violencia con la que África interrogaba la presencia colonial. Se miró con frecuencia a esos objetos como orfebrería o una artesanía que había desbordado los horizontes habituales de occidente para confundirse con piezas de genuino valor estético, como realización de una imaginación y una fuerza expresiva de una asombrosa calidad, se los dispuso en vitrinas de los museos o en compendios sobre el arte africano, con frecuencia al margen de su significación para las propias culturas africanas: se guardó silencio sobre su relevancia religiosa o ritual, sobre su relación con las cosmogonías y los mitos, sobre su capacidad para simbolizar las formas de organización política o la definición de sus linajes, sobre su papel en los procesos de intercambio o en la identificación de los ciclos agrícolas, sobre su influencia en el destino de los sujetos o en las identidades de los cuerpos.

No obstante, esa "dignidad" estética cobró una validez propia y parecía devolver a África la presencia que se le niega en otros dominios, le devolvía la dignidad ficticia de una relativa "originalidad" estética, autorizada por la identificación en ella de una "fuerza primordial" y la capacidad de suscitar la perfección de sus realizaciones técnicas: las piezas africanas eran tan hermosas que hasta podían ser contemporáneas. La calificación de primitivismo se veía atenuada —jamás cancelada o refutada— por lo sorprendente de las técnicas de elaboración de cerámica, de la fineza de su tejido o su teñido, por su empleo desconcertante de motivos geométricos, simetrías y asimetrías conjugadas con patrones simbólicos, sobre la delicadeza de su trazo, o las proporciones de las figuras que les conferían una fuerza alegórica o mítica. Los objetos no pocas veces sorprendían por la economía de sus componentes estéticos, una economía propia de las propuestas más disruptivas en las revueltas estéticas contemporáneas de occidente; la elegancia de su tallado, la composición inaudita de sus colores o sus texturas o lo insospechado de las escenas evocaban de manera intuitiva objetos dispuestos en las galerías occidentales; eran piezas cuya fisonomía emparentaba con las vanguardias estéticas contemporáneas. La presencia de África apareció, a través de la mirada estética, depurada de su fuerza de interrogación. Su incidencia en el mundo de las artes occidentales —mediada por los museos, los coleccionistas, o la meditada y atemperada reflexión de los críticos de arte— tamizó la irrupción perturbadora y crítica implícita en el significado mítico de los objetos arrancados a su contexto ritual, privados de todas las resonancias de su historia cultural, enmudecida su relevancia iniciática, mágica, o su participación en las ceremonias y danzas para la investidura de las figuras del poder político, es decir, eran objetos ofrecidos a la mirada como meros objetos de contemplación, de disfrute o por lo menos, de admiración. Más allá del mero exotismo, esos objetos plantearon interrogantes cruciales al arte contemporáneo, a sus propias pautas, a sus criterios, a sus técnicas. El tránsito del arte *representativo* a las figuras abstractas, de las representaciones antropomorfas a las figuras meramente geométricas —grecas, trazos ondulados, figuras circulares, espirales— conjugadas con juegos cromáticos de muy diversa índole capaces de conferir una calidad explícitamente simbólica a esos objetos, constituía un rasgo significativo para la apreciación estética, incluso para la interrogación antropológica. Franz Boas, al encarar desde el punto de vista antropológico el problema de la condición estética de los objetos de la costa noroeste de Norteamérica, sin dejar de subrayar la necesidad de dar a los objetos un sentido explicativo en el marco de la comprensión de su cultura, y sin renunciar a los tópicos propios de la interrogación antropológica —la interrogación por universalidad de la obra de arte en las diferentes culturas, el sentido de la expresión simbólica de personajes míticos, el uso ritual de los objetos, la dinámica de la diseminación de patrones estéticos y simbólicos entre culturas, la persistencia de la búsqueda por el ritmo en las artes *temporales* y la exactitud y maestría en la elaboración de formas como declaración de un régimen expresivo que va más allá de todos los reclamos funcionales a los que sirve el repertorio de los objetos—, recurre sin embargo a criterios propios de la meditación estética: la antropología debía tomar en consideración la perfección y la exactitud de las disciplinas corporales involucradas en la creación de esos objetos, el valor atribuido a la preservación de rasgos perdurables de la forma y la maestría para lograr la mayor intensidad y eficacia en la fuerza expresiva mediante formas y objetos obtenidos con elevada exigencia técnica.

III. ÁFRICA, LUGAR PRIVILEGIADO PARA LA INVENCIÓN ANTROPOLÓGICA

La antropología contemporánea surge y se consolida, en buena medida, a partir del desafío que ofrece el vasto repertorio étnico y cultural africano. Algunas de las obras más relevantes de la antropología que constituye el sustrato fundamental del pensamiento contemporáneo, surgieron de la tentativa por comprender la congregación contrastante de las identidades y los procesos culturales y políticos africanos. Desde los estudios y recopilaciones de material mítico y narrativo de Frobenius, hasta aquellos que fundan la tradición de la antropología contemporánea —Griaule, Radcliffe-Brown, Evans-Pritchard, Meyer-Fortes, Gluckman, Richards, Nadel, Liendhart, Balandier— consolidaron y a veces reformaron o contravinieron drásticamente —mediante los trabajos detallados de registro, construcción y análisis propios de la antropología contemporánea— los trabajos emprendidos por la

antropología comparada, que con frecuencia buscaba reconstruir el proceso cultural evolutivo mediante el contraste entre las culturas melanesias, orientales, americanas, africanas.

La visión antropológica sobre África revela un conjunto de vacilaciones permanentes: por una parte, el universalismo, que es capaz de reconocer en los rasgos de los grupos étnicos africanos pautas simbólicas cuya lógica exhibe rasgos fácilmente reconocibles en infinidad de grupos sociales, que advierte en África la existencia ancestral de instituciones, pautas sociales cuya legitimidad y fuerza ordenadora, cuya vitalidad y perseverancia no exhiben menor complejidad ni un sentido ajeno a las historias y culturas de otros ámbitos territoriales, y que parece refrendarse ante la lucidez y la complejidad de las culturas africanas; pero también, la antropología resiente la exigencia de rescatar de la singularidad de aquellos rasgos que surgen de la edad y la historia de esas culturas, de sus diálogos inquietantes, de sus confrontaciones con frecuencia violentas, con sus diversas esferas religiosas, universos míticos, memorias y tradiciones narrativas que involucran actores, personajes y episodios incomparables, regímenes de parentesco cuyas variaciones son difícilmente contrastables, y la diversificación de sus instituciones políticas: contemplarla como un universo propio, dotado de rasgos unificados incluso en su diversidad, capaz de revelar un rostro propio, un perfil que la distingue de otros territorios. Fundar con ella una mirada singular que no exhiba los rastros de una tentación inútil a un universalismo vacío, una mera invocación abstracta, que no funda los rasgos de las culturas africanas en una masa indiferenciada de las culturas tradicionales, de aquellas que han permanecido en los márgenes del vértigo de la modernidad. Evitar hundirla en un mismo universo que la equipararía a las culturas melanesias, a los grupos de Indochina. La antropología vacila también entre esa mirada que busca comprender y la que no puede evitar el escándalo ante la violencia instaurada por el colonialismo. Vacila entre una mirada consagrada a registrar, consignar, reconstruir, interpretar y comprender esas tensiones en el seno de las culturas, y una acción que hace patente una posición ética y teórica que responda a la violencia colonial que impone sobre todas las culturas una presión unificadora, una fuerza comparable de degradación y de destrucción cultural; una antropología que lleve a vislumbrar la autonomía de esos grupos étnicos. La antropología vacila entonces entre la fidelidad a sus propios marcos explicativos —a su tradición científica y académica, a su confinamiento, al resguardo que busca en la exigencia de comprensión—, y una mirada que arrastra a la antropología más allá de sus propios linderos, más allá de sí misma para entonces mirar desde ese lugar marcado por la violencia de un colonialismo que se ha transformado también, y también incesantemente a sí mismo, mirar desde la cauda de destrucción del colonialismo, pero desde dentro de su devastación las transformaciones que trastocan integral y permanentemente, su condición cultural propia. La antropología ha ofrecido a la mirada europea un mundo africano constituido como una trama abigarrada, densa, conflictiva de culturas —desde aquéllas consagradas por las grandes etnografías clásicas: los Nuer, los Dinka, los Shilluk, los Anuak, los Hotentotes, los Bantú, los Ndembu, los Azande, los Talensi, los Kede, los Dogón, los Yoruba, los Beté, los Ashanti y los Zulú por mencionar algunos de los que han sido objeto de referencias canónicas en los estudios antropológicos— pero no siempre ha podido eludir los sesgos que surgen de una contemplación distante, ajena, en ocasiones condescendiente, pero siempre ceñida por los marcos de su propia historia, de su propia racionalidad, de categorías acuñadas desde largas genealogías y que llevan la marca de su afincamiento en la modernidad.

Ante la mirada europea, el perfil intrincado y diverso de África ha desaparecido no pocas veces, para surgir como una sola región, unificada en apariencia por un primitivismo compartido, a pesar de las innumerables y diversificadísimas y complejas culturas, grupos étnicos, historias y luchas políticas, destinos económicos y administrativos; grupos étnicos y culturas separados incluso por sus distintas historias coloniales —de resistencia, de coexistencia o de sometimiento—. Esta pluralidad se expresa nítidamente en el cerrado tejido de las alternancias y variaciones de los universos simbólicos, los mundos religiosos, las expresiones culturales, las formas de poder o incluso en las diferencias lingüísticas entre lenguas vernáculas y coloniales. Es posible leer, una y otra vez, en distintas fases de la intervención política de "occidente" en el espectro cultural y político africano, esa visión de África como un conglomerado con una misma fisonomía: inmovilizada, enigmática en su preservación, en su duración, en su vitalidad. La coexistencia de estas visiones contradictorias, la del pluralismo casi inabarcable de las culturas africanas y la de una unidad forjada por la mirada occidental, parece no perturbar la reflexión sobre los procesos culturales africanos. En la "Introducción" a la compilación que él mismo realizara sobre *Sistemas africanos de parentesco y matrimonio*, Radcliffe-Brown reconoce, en un principio, que "todavía no puede escribirse un libro que estudie sistemática y completamente la organización del parentesco en toda África", para después de cuarenta páginas de revelar los matices, las diferencias, las discordancias y similitudes entre regímenes de parentesco, afirmar: "*el africano* no concibe el matrimonio como una unión basada en el amor romántico... En algunos aspectos, *un matrimonio africano* es semejante al matrimonio inglés... *los africanos* distinguen, igual que nosotros, el matrimonio 'legal' de la unión irregular."[3] De igual manera, en su "Introducción" a la compilación de estudios, *African Polical Systems*, Meyer-Fortes y Evans-Pritchard, después de una minuciosa descripción de las profundas diferencias entre sistemas políticos de diversos grupos étnicos africanos, después de haber consignado las respuestas políticas divergentes de sus diversas organizaciones sociales y políticas a la intervención colonialista, no pueden evitar precipitarse en una visión con un inquietante sesgo propio donde se adivinan, decantadas, las marcas todavía discernibles de la arrogancia ética y política de la modernidad europea: "*el africano* no ve más allá de sus símbolos. Puede muy bien afirmarse que si comprendiera su significado objetivo, éstos perderían el poder que ejercen sobre su vida."[4]

[3] A. R. Radcliffe-Brown, "Introducción", en A. R. Radcliffe-Brown y Darryl Forde (comps.), *Sistemas africanos de parentesco y matrimonio* [1950], Barcelona, Anagrama, 1982, p. 57.

[4] M. A. Meyer-Fortes y E. E. Evans-Pritchard, "Introduction", en M. A. Meyer-Fortes y E.E. Evans-Pritchard (eds.), *African Political Systems*, Londres, Oxford University Press, 1940, p. 18. (El énfasis es mío. R. M.)

Las culturas africanas suscitan en la antropología clásica la interrogación por el origen y la persistencia de las pautas culturales, la inquietud acerca de la duración y la estabilidad de las regulaciones sociales, pero también por la plasticidad de sus creencias, por la fragilidad de sus formas de intercambio, por el cambio de sus respuestas políticas, por las calidades inusitadas del conflicto y la mutación cultural múltiple. Este rostro dual, indócil, se vuelve también amenazante en su distancia y su progresivo decaimiento respecto de las exigencias de una modernización proclive a impulsar y a explotar la degradación de los pueblos en las periferias de los alcances imperiales.

IV. EL MUSEO Y LA GALERÍA: LOS SABERES EQUÍVOCOS; OBJETOS RITUALES Y MATERIA SIMBÓLICA

Las concepciones de África en el mundo occidental han estado ligadas —en ocasiones de manera más estrecha que a los textos y la reflexión antropológica— al destino de sus imágenes, de sus objetos y, en particular, a las estrategias de su exhibición: primordialmente, los museos —sin duda, tienen mayor relevancia las exposiciones en el dominio de las artes plásticas, aunque también los objetos, figuras y escenas africanas constituyen colecciones etnográficas importantes— y las galerías, aunque también la narrativa —literaria, cinematográfica y, más recientemente, publicitaria y noticiosa— interviene decisivamente en el bosquejo de un entramado de imaginerías sobre el mundo africano. Hay algo paradójico en el sentido etnográfico de museo: la antropología reclama la posibilidad de exhibir los objetos, las fotografías, de brindar este contacto directo con el mundo de sus evidencias, y, sin embargo, hay algo en esta exhibición que parece revocar los fundamentos de la antropología: los objetos pierden su sentido cuando se los desarraiga de su atmósfera propia, de su universo ritual, de sus referencias míticas, de la red de acciones en las que adquieren su significación y su relevancia propia. En efecto, la historia del museo se confunde con la inclinación de los anticuarios o las pasiones de los coleccionistas, con la voluntad de preservar los objetos de una cultura; no obstante, esta preservación es al mismo tiempo un confinamiento y un desarraigo: les impone al mismo tiempo una vida y un sentido que les es ajeno: los inscribe en un tiempo y una historia que nada tienen en común con sus propias raíces, sus significaciones, su implantación ritual, la fuerza con que son capaces de afectar la vida y la concepción del mundo de sus culturas vernáculas. Anticuarios y coleccionistas tienden a arrancar los objetos de su espacio, a privarlos del contacto de los cuerpos que les dieron origen, a vaciarlos del sentido que cobran en las atmósferas rituales y en los procesos técnicos a los que con frecuencia están destinados. Crean sus propias cronologías, inventan filiaciones, engendran parentescos y analogías a partir de las regularidades que perciben, identifican y consignan estilos, tipologías, trazan linderos para las categorías, atribuyen identidades a los objetos considerados siempre en sí mismos con el trasfondo de los criterios estéticos o culturales contemporáneos. Así, el coleccionismo construye inventarios, calcula repertorios, define el destino de las piezas por su lugar en series más o menos completas. Las piezas son entregadas a las taxonomías: son descritas, recobradas en su pura materia, clasificadas según las técnicas que las engendraron, los colores, las formas, los motivos, pero casi siempre, al margen de los impulsos oblicuos y múltiples de su significación, arrastradas a un espacio donde están destinadas a restringir su sentido según la mirada que las ordena. Convierten a las figuras y materias densamente simbólicas, religiosas, cosmogónicas, políticas, rituales en "piezas"; transforman objetos de representación mítica, de brujería, de iniciación o ceremoniales en "obras" destinadas a la contemplación. Por añadidura, en su calidad de objetos estéticos, ingresan al universo de valor de mercado, son presa del deseo de acumulación.

A pesar de todo esto, el museo ha sido al mismo tiempo un instrumento imprescindible, una condición y una pasión para el trabajo antropológico. El repertorio de los objetos que aloja el museo aparece como el testimonio inmediato, accesible, de la existencia material de un mundo cuyo sentido es posible vislumbrar en el reflejo equívoco de estos objetos. En su forma, en el significado descifrable de sus representaciones es posible reconocer y reconstruir el sentido de un universo simbólico, de un conjunto de experiencias, de una calidad particular de la vida de los grupos étnicos. Para el antropólogo, los objetos aparecen como la condensación, el despliegue sintético de una cultura, la decantación de su historia y su experiencia. Pero reflejan también el sentido de la tarea intelectual del antropólogo: de su recorrido intelectual, de su largo trabajo de construcción y ensamblaje de datos y evidencias. Son al mismo tiempo un recurso inagotable de observación continua, de una reconstrucción de sus universos simbólicos propios, pero son también punto de partida de la evocación y en no pocas ocasiones también de nostalgia. Memoria e interpretación se alimentan y se restauran incesantemente a través de los objetos que cobran el sentido a su vez de claves para el desciframiento, de datos para la corroboración, de sustratos para la memoria.

Pero el museo es también un texto destinado a hacer comprensibles esas evidencias, es la construcción de un relato, es el recurso para lograr, a veces de manera tácita, apenas bosquejada, la inteligibilidad, el acceso a la inmensa trama de significados de una cultura. Esa secuencia de objetos revela silenciosamente un trayecto de comprensión de esos "otros" mundos: cada serie de objetos es un relato en el que resuenan narraciones míticas, visiones cosmogónicas, acciones mágicas, señales de prestigio, imperativos de parentesco, destino de los linajes, inscripciones iniciáticas, criterios de la división del trabajo, relevancia de las jerarquías guerreras o sacerdotales, plegarias, invocaciones de las sociedades secretas, o rituales abiertos a la participación de la colectividad; esos objetos revelan a través de su forma el destino de las plegarias, de las danzas, de las congregaciones; condensan memorias, prohibiciones, prescripciones o cuerpos que participan en los encuentros rituales, aluden a figuras y episodios cosmogónicos y religiosos, se vuelven instrumentos propicios o vedados para las acciones prácticas, económicas, guerreras, sociales. Los objetos son

el punto en el que se anclan relatos incontables de las vidas colectivas e individuales, son nudos en los que se enlazan los hábitos con las creencias, hacen posible al mismo tiempo la condensación de la imaginación mágica y la destreza que es preciso imponer a los cuerpos y a las palabras para asegurar la sobrevivencia.

No obstante, el museo tiene una historia y una tradición propias. Es una institución surgida en occidente y cuyo sentido conlleva una ambigüedad fundamental. No sólo ha sido el recurso para la exploración y comprensión del material de viajes, de historias, de testimonios mudos, tácitos, sintetizados bajo la forma y la materia de las cosas. Ha sido también un lugar expresamente destinado a asegurar la presencia, la consagración, el valor y el mercado de las obras artísticas. Ha sido modelado en sus formas, en sus escenografías, en sus técnicas de exposición, en sus ambientes, en sus territorios, en sus clasificaciones, en sus miradas, por la historia de la institución del arte, sus formas canónicas de disfrute o de contemplación, por su participación en la lógica de las mercancías. El espacio y el sentido del museo se han transformado también, junto con las exigencias de la valoración estética de los objetos, en un escenario para la construcción de un régimen autónomo de apreciación.

El vínculo entre el museo y el arte ha contribuido a ahondar la valoración autónoma del objeto de arte en la modernidad —y el régimen de mercado al que está sometido— y ha iluminado y destacado los objetos africanos como materia de apreciación estética, pero también ha ensombrecido y desfigurado aún más el sentido vernáculo de esos objetos. El descubrimiento, exploración e incluso apropiación sistemática que hicieron los artistas de las vanguardias estéticas contemporáneas —de manera particularmente notable Picasso pero también Vlaminck, Modigliani, o Kirchner, entre muchos otros— de los objetos africanos, de sus formas, técnicas de representación, esquemas figurativos, modulaciones geométricas y exploración de esquematismos corporales y figurativos, de las simetrías y asimetrías de sus fisonomías y sus composiciones, convirtieron el repertorio de los objetos africanos en fuente, referencia y sustento de las rupturas estéticas y de la reinvención de sí mismo que constituye el horizonte contemporáneo del arte. El objeto africano participa de la "lógica" de la apreciación estética de una manera paradójica: el momento en el que alcanza su máxima relevancia estética, su capacidad para trastocar los criterios de la historia del arte occidental, es el momento en que desaparece como objeto cultural con su propia identidad, es cuando se eclipsa su memoria y su sentido simbólico. No es que en las culturas tradicionales, como las africanas, no exista la exigencia de un placer estético —en muchas de ellas esta exigencia estética es incluso más exigente, más omnipresente que en la nuestra; impregna de manera más íntima sus formas de vida—; quizás lo que ocurre es que en las culturas tradicionales no es nítidamente discernible la separación entre la valoración estética y la significación cosmogónica, la interpretación simbólica, la relevancia ritual, la importancia social y la utilidad práctica de los objetos. El sentido estético de los objetos se confunde con su participación simbólica, intrínseca, en la liturgia de los cultos, en las constelaciones de símbolos propias de los rituales; su fuerza estética congrega al mismo tiempo la potencia mágica, y su capacidad para afectar a quienes participan, pero su sentido involucra también significados, orientaciones y finalidades prácticos —la caza, la pesca, la agricultura—, implica un conjunto de disciplinas pedagógicas que permiten preservar y transmitir saberes prácticos, médicos o incluso éticos entre generación y generación, señales de prestigio y de reciprocidad, memoria y señal de los linajes, evocaciones cosmogónicas y míticas, indicaciones de la identidad de quienes los portan, los poseen o los consagran. Esta densidad simbólica de los objetos se disipa con frecuencia ante la exigencia económica de las museografías.

En América Latina, la presencia africana irrumpió casi de manera contemporánea a la Conquista. Su presencia estuvo marcada desde el inicio: el esclavismo. No obstante, desde ese lugar desplazado, castigado, enmudecido, allanado por la barbarie de los conquistadores y, en no pocos casos, también de los conquistados, la presencia africana logró impregnar paulatinamente, de manera inconfesada y a veces de manera casi imperceptible las visiones, las prácticas religiosas, los rituales, los cultos, las narraciones, las danzas, la música, la poesía de vastas zonas del continente: de las Antillas y México, hasta Perú y Brasil. Fusiones silenciosas que es preciso hacer hablar en voz alta y recobrar en sus raíces mudas.

Ciudad de México, junio de 2002

Quien te preste sus ojos, te hará mirar donde le guste.
PROVERBIO WOLOF, SENEGAL

Ery Camara*

Por segunda vez se presenta en el Museo Nacional de Antropología de la Ciudad de México una exposición de arte tradicional africano. La primera fue en mayo de 1975 con la colección del Museo de Dakar (Instituto Fundamental del África Negra, IFAN) y la del poeta Léopold Sédar Senghor (1906-2001), primer presidente del Senegal.

Esta exposición representa una oportunidad para aproximarse a las expresiones artísticas africanas, de apreciar sus modalidades formales y conceptuales, así como reflexionar sobre su originalidad y sus funciones en el seno de las comunidades que las crean. Su organización temática aborda ciclos, actividades y contextos en los que las expresiones artísticas se convierten entre los africanos en medios idóneos para transmitir la sensibilidad, las creencias y la espiritualidad comunitarias. Máscaras, trajes, estatuas, utensilios y adornos mas allá de sus cualidades formales, simbolizan una organización del conocimiento acumulado en las tradiciones de cada grupo étnico con el fin de consolidar y participar en el equilibrio de las fuerzas vitales y el movimiento del cosmos. Así es que concebidos como moradas de un poder espiritual, estos objetos activados se benefician con la palabra que les confiere tal poder, con el ritmo que da sentido a sus formas mediante ritos creativos y con los cultos que les dan vida y las mantienen vivas.

Procedentes de diversas regiones de África, estas obras comparten un aire de familia que se manifiesta como la unidad en lo múltiple. Su heterogeneidad da cuenta de las distintas generaciones, regiones y estilos que distinguen a sus autores. En algunas comunidades africanas, estas artes forman parte de los medios más eficaces para orientar la transformación social. No se limitan a agudizar la sensibilidad o a formar el gusto, son prolongaciones del ser que informan y educan al hombre en su integridad. Al ser parte íntegra de la vida social y espiritual, vivirlas intensamente al lado de la música, la danza o el recogimiento es para sus creadores una práctica con reglas establecidas. Su permanencia y sus mutaciones le aseguran al arte el dinamismo de un organismo vivo entre las manos de estos creadores africanos. La clave del oficio artístico para nuestros ancestros es esencialmente un amor por la vida y una fidelidad en su celebración. Tiene como fin alejar las presiones hostiles e invocar las fuerzas benignas. Por eso madura con una enseñanza permanente en la que cada uno puede aprehender, según sus aptitudes innatas y el nivel alcanzado en

*Curador en proyectos privados. Docente de museología e historia del arte en la Universidad Iberoamericana y Casa Lamm, en la Ciudad de México.

la adquisición de conocimientos, los valores esenciales contenidos en el acto de crear. Su carácter religioso y funcional no es un obstáculo que inhiba la creatividad de los artistas o la elocuencia de sus formas. Pero como diría Bodiel Thiam:

> [...] inseparables de las prácticas y de las representaciones religiosas y sociales de África, nuestras máscaras y nuestras estatuillas no son objetos hechos para ser solamente contemplados, tampoco simples instrumentos de culto. Hay que imaginárselas en movimiento, llevadas por los bailarines rituales en movimientos paroxismales de la comunión antro-cósmica. Entonces vuelven a ser expresión de la alta civilización negro africana, de tal modo que lo que en ellos se dice no puede ser dicho de nuevo, plenamente, por nadie más.[1]

Esta complejidad hace que, hasta la fecha, muchos investigadores africanos o extranjeros se topen con dificultades al querer informarse de los secretos que sellan las iniciaciones, las palabras y prácticas reservadas a los iniciados. En las lenguas de cada etnia se encuentran los criterios que legitiman el uso de estos objetos y las críticas que evalúan sus cualidades. Sin embargo, el conocimiento esotérico que vincula las manifestaciones culturales al mundo invisible de los antepasados y del ser supremo, no es accesible a cualquiera; este legado se conserva entre los iniciadores más experimentados de cada casta y sólo se transmite a los que han demostrado méritos en esta escuela formativa. Se puede decir que las lenguas y la sabiduría de estos guardianes de la tradición son hasta la fecha formas de resistencia que han resguardado el secreto de la activación de estos objetos.

De hecho, los obstáculos para el estudio de las artes africanas aumentaron con el encuentro de África y la civilización occidental, debido a las presunciones de superioridad de esta última y la ola de versiones, estereotipos y clichés que diseminó en el mundo para justificar la explotación y la colonización del continente. La empresa colonial se empeñó en combatir los sistemas tradicionales de organización y de educación para poder introducir sus propios valores mientras sus intelectuales, científicos, misioneros, administradores y soldados se dedicaban a descalificar y a saquear el patrimonio africano. Debido a estos antecedentes, objetos que se encontraban en altares, santuarios y ceremonias rituales, se convirtieron en presos de teorías ajenas a las culturas que los produjeron. Algunos autores atrevidos ignorando la tradición oral y la memoria junto con la experiencia y la conciencia que los africanos tienen de sus artes desde la prehistoria, aseveran semejantes ilusiones:

> Arte africano no es, por tanto, un término lingüístico o una categoría conceptual que de forma neutra indique o defina una realidad objetiva preexistente sino la expresión a través de la cual, en un periodo histórico determinado, se ha traducido lo ajeno en lo propio. Tanto el concepto de "arte" como el de "África" son históricamente variables en significado y extensión, y culturalmente hunden sus raíces en Occidente. El arte afri-

[1] Bodiel Thiam, curador de la exposición temporal *Arte de África ayer y hoy*, México, INAH, 1975, p. 10.

cano nace en el siglo xx en Europa, bajo el impulso de las vanguardias artísticas, para ser posteriormente exportado a África y convertirse en elemento constitutivo de la identidad panafricana. Condiciones necesarias para la existencia de un arte africano son la institución del museo y la aparición de una mirada externa sobre el continente. Es necesario un Vasco de Gama que realice el periplo del cabo de Buena Esperanza, una técnica que se lo permita, una cartografía que recoja su experiencia, una escritura que transmita la memoria.[2]

[2] Ivan Bargna, *Arte africano,* Madrid, LIBSA, 2000.

Creo que esta cita resume los peligros que quiero enfocar y someter a la crítica de los que se apasionan con mayor seriedad por las expresiones artísticas africanas. Declaraciones de esta naturaleza heredan de fenómenos como el darwinismo social o de filosofías y ciencias que se justifican más por la usurpación que por fidelidad al espíritu racional. Como ésta, existen miles de afirmaciones similares de grandes intelectuales y científicos occidentales que creyeron que su visión unilateral definía la universalidad.[3] Las pretensiones de ignorar los contactos y los intercambios culturales y comerciales del continente con el mundo antiguo para decretar y dictar al mundo una visión alterada del "otro", restaron credibilidad al humanismo occidental. A medida que surgen investigaciones recientes en crónicas, archivos y excavaciones, se observa la constante práctica trascendente de las artes en la vida y en las religiones africanas.

[3] Recomiendo la lectura de los siguientes libros que aportan una amplia información de las estrategias occidentales para crear imágenes rentables de África en el imaginario colectivo: Annie E. Coombes, *Reinventing Africa. Museums, Material Culture and Popular Imagination,* Londres, Yale University Press, 1994; Jan Nederveen Pieterse, *White on Black. Images of Africa and Blacks in Western Popular Culture,* Bloomington Indiana University Press, 1992; Vincent Y. Mudimbe, *The Idea of Africa,* Londres, Indiana University Press, 1994, y Sally Price, *Arte primitivo en tierra civilizada,* Madrid, Siglo xxi Editores, 1993.

No se puede decir que todos los occidentales contribuyeron a denigrar los valores africanos, hay excepciones que de manera perseverante se oponen a las especulaciones estériles. Por fortuna, hoy día los intercambios culturales nos ofrecen la posibilidad de revisar todas estas invenciones teóricas que caducan al menor cuestionamiento, para abogar por mejores encuentros y convivencias. Dentro del mundo occidental como en África mismo, se alzan cada vez más voces que se oponen a estas usurpaciones de funciones que deforman la realidad, pero siguen siendo minorías. Por estos antecedentes que empañan la percepción de estos objetos debemos reconocer que su apreciación en un museo no es todavía un hábito entre la mayoría de los africanos. Obviamente, hay que tomar en cuenta las transformaciones que provocan las nuevas religiones y el nuevo entorno africano, además, el modo en que las naciones conservan o recrean este patrimonio compartido. No se puede negar que los africanos convertidos a otras religiones y los que comparten pocos nexos con sus tradiciones hoy día ven a estos objetos de maneras distintas. El entorno y los desplazamientos son influyentes en la conciencia o la percepción que tenemos de este patrimonio. También prestemos atención a la crítica de los intelectuales africanos que perciben el fenómeno museológico como contradictorio:

Se percibe desde luego lo que hay de incongruencia en colocar en los museos, imitando a Europa, todo elemento cultural original, a etiquetar, condicionar, como si se tratara de un coleóptero radiante de luz, una pieza vacía de su sustancia viva. Se entiende por

fin por qué lo que queda de africanos en África se divierte locamente cuando los llevan a "nuestros museos". Para ellos, el objeto carente de función y banalizado, dentro
del museo, no es más que el producto de desviaciones intelectuales de elementos ajenos a su cultura: Una conciencia ajena incrustada sobre una condición real. Y se ríen
de todo esto porque sólo ellos poseen todavía este potencial brechtiano de distancia-
miento que les permite distinguir el drama del melodrama, los problemas de vejesto-
rios rancios, la escena de los oropeles prestados.[4]

[4] Stanislas Adotevi, Congreso del ICOM, 1971, en *Négritudes et nécrologues*, París, Union générale d'éditions, 1972, p. 293.

Con esta incisiva apreciación del beninés Stanislas Adotévi, se revelan algunas
dificultades todavía insuperables en las diferentes formas de conservación de la memoria colectiva que distinguen a África de Occidente. En gran parte de las comunidades, muchas de las obras, cumplidas sus funciones, se abandonaban o retocaban
y las que se perciben ineficaces se quemaban. Hoy han cambiado muchas de estas
tradiciones así como las formas de apreciación del pasado, aun así, muchas comunidades continúan practicando sus creencias.

La introducción del patrimonio africano en colecciones occidentales tuvo muchas variantes, los intercambios comerciales que se dieron en el pasado enterrado;
luego, las exploraciones que al aumentar fomentaron proyectos más ambiciosos como los saqueos que fundaron las exposiciones universales del siglo XIX y principios
del XX. Éstas llegaron al colmo de presentar al lado de los pabellones, una aldea africana y sus moradores cercanos a sus botines. En estas circunstancias, se inició la
promoción de la *espectacularización* de las culturas africanas, los safaris y el cultivo de la sed de primitivismo entre una población europea que se sentía sofisticada
junto con la revolución industrial.

En un principio desdeñado y confinado en los armarios de los gabinetes de curiosidades, lo sucesivamente calificado de salvaje, natural, primitivo, negro, africano,
ahora "premier" según algunos franceses, el discutido arte africano se topó con muchas de las reticencias de una mentalidad más dispuesta a dominar que a entender
y aceptar la diferencia. Todos estos calificativos ilustran sucesivamente las intenciones de dominación y los condicionamientos que distintas generaciones han im-
puesto para la interpretación de la cultura ajena. No se trata de miradas condescen-
dientes sino, en la mayoría de los casos, de ignorancia escondida tras la altanería.
Estas obras, curiosidades según ellos, a veces mal llamadas fetiches o ídolos, hicieron el recorrido de los museos de historia natural, de etnografía y de arte generan-
do muchas controversias que finalmente terminaron desenmascarando el modo de
colonización y sus repercusiones.[5]

[5] Lourdes Méndez, *Antropología de la producción artística*, Madrid, Síntesis, 1995, p. 264.

No sabemos si se ha logrado mostrar que las obras de arte, aisladas de su contexto de
producción siempre hablarán el lenguaje de quienes se las han apropiado. De aquéllos
que detentan el poder de interpretarlas a su guisa escudándose en la ciencia, la estética, la historia o la antropología. Que, como diría Lévi Strauss, miremos de cerca o de

lejos a las obras y a sus creadores no cambia nada, a menos que esa mirada sea crítica consigo misma y capaz de reconocer que el ojo es un órgano educado. Mirar, observar, contemplar, vivir experiencias estéticas, no es suficiente. También hay que escuchar, dejar hablar a los demás, oír lo que tienen que decirnos, sin apresurarnos a encasillarlo todo en cómodas y a menudo erróneas categorías analíticas que tienden a reducir la complejidad de lo que estamos viendo en aras a la tan ansiada claridad y objetividad científica.

Estas reflexiones corroboran las advertencias de Ahmadou Hampaté Ba, quien sin la pretensión de desconocer los notables esfuerzos de ilustres etnógrafos, decía:

En efecto, muy a menudo nos atribuyen intenciones que no son las nuestras, interpretan nuestras costumbres en función de una lógica que sin dejar de ser lógica, no lo es entre nosotros. Las diferencias de sicología y de entendimiento falsifican las interpretaciones nacidas del exterior.[6]

[6] A. Hampaté Ba, *Aspects de la civilization africaine (personne, culture, réligion)*, París, Présence Africaine, 1972, pp. 31-32.

Los conflictos que tienen algunos investigadores para reconocer sus limitaciones ante las aportaciones de una estética de rasgos tan singulares, se manifiestan en contradicciones y ambigüedades todavía no superadas. Muchas de estas trabas para penetrar el secreto de las artes africanas, nacieron de los prejuicios heredados y de las ínfulas de superioridad que se atribuyeron la mayoría de los colonizadores. Abundan libros sobre el tema, ilustran la visión elaborada por exploradores, aventureros, administradores, especialistas y sociedades científicas occidentales, en su mayoría. Estas publicaciones diseminan percepciones y contradicciones, contribuciones y remordimientos de sus autores. Las hay en forma de manuales que prescriben fórmulas para ver, probar la autenticidad o coleccionar estas piezas con criterios occidentales. Simultáneamente surgen a la luz otras más cautelosas y humildes que rectifican poco a poco los errores que persisten. Recién aparecen en libros las investigaciones que los intelectuales africanos elaboran para defender y difundir su patrimonio artístico en sus propios términos. En este campo hay infinidad de colaboraciones que enriquecen nuestros conocimientos acerca del tema; falta mucho por hacer para contar con interpretaciones menos influenciadas por el impacto de la colonización.[7]

Tanto el eurocentrismo como los exotismos fomentados por la colonización y el turismo contribuyeron a las desviaciones que debilitan los criterios científicos aplicados en muchas presentaciones de estos fragmentos de una realidad inagotable. Conviene entonces tirar estas insostenibles mallas de las miradas colonizadas para aprehender el acto creativo en el contexto tradicional africano. Estos testimonios, cuyo destino nunca se pensó que fuese el museo, aún conservan, en su hibernación, secretas revelaciones para quienes están atentos a sus valores de siempre. No es el museo el lugar que escogería un africano para venerar una estatua o una máscara.

[7] Luego de las independencias, fueron más accesibles publicaciones de intelectuales como Léopold Sédar Senghor, Cheikh Anta Diop, Théophile Obenga, Ahmadou Hampaté Ba, Joseph Ki Zerbo, Alassane N'Daw, entre otros.

Tanto la *museificación* como las subastas que promueven anticuarios, coleccionistas o galerías, han creado en estos objetos otros valores que no pueden sustituir la eficacia que tenían entre sus creadores. Para muchos de nosotros, es gracias al museo que tenemos acceso a estos testimonios que de otra manera estarían confinados al olvido, la destrucción o a otras formas de conservación que desconocemos.

La presencia de estos objetos en una exposición nos informa de tradiciones vivientes constantemente renovadas. El poder que encarnan se concreta por una conciencia estética que sabe animar la presencia. Tenemos la oportunidad de verlos como testimonios de un talento que no imita o reproduce la naturaleza para crear un símbolo que no se confunde con el poder que alberga. Convocar fuerzas, establecer y mantener vínculos con lo sagrado era su meta, ahora su valor estético y etnológico nos permite distinguir la naturaleza de sus funciones. Materia a través de la cual el espíritu toma forma; se dice en algunas lenguas que el arte es la vía por la que lo eterno se asoma a veces a la realidad humana para repercutir transfigurada en nuevas apariencias. Reservas inagotables de significados, los símbolos son a la vez una apertura y una cobertura, ocupan el trecho en el que se puede revelar u ocultar un secreto. Es así que los talleres y los instrumentos de algunos creadores se convierten en domicilios santuarios donde ocurren transmutaciones inspiradas del acto primordial de la creación. Al convertirse en símbolo, todo ser o intermediario entre lo humano y lo divino, la vida y la muerte, anula sus límites físicos y deja de ser un fragmento aislado para integrarse en un sistema que unifica la cosmología local. Estos procesos creativos hacen del hombre una encrucijada de correspondencias simbólicas que lo ligan a la red interactuante e interdependiente de fuerzas cósmicas que los Bantú conciben como una telaraña de la que no se puede hacer vibrar una sola fibra sin estremecer toda la malla. Esta sabiduría despierta en los artistas la conciencia de abrigar una claridad que reside en todas las cosas y los seres, al mismo tiempo todo vive en ella. La recuperación inteligente del patrimonio lingüístico puede contribuir en el mejor conocimiento del sentido de estas obras.

Hablar de una civilización exige humildad y predisposición al diálogo, saber escuchar el pulso que la mantiene viva. He insistido sobre los efectos de la colonización porque no se limitan al continente, también afectan la percepción que otros pueden tener de África. Para mí es una forma de invitar a los afectados a despejarse de ataduras para escuchar el latido de cada forma y de aquello que representa. Entonces, creo que descolonizar las mentalidades ante un patrimonio que ya ha cumplido sus funciones pero que sigue provocando interés entre los estudiosos y los apasionados puede ayudar al individuo a no perder lo esencial de estas artes. Atenerse de confundir África con los recetarios que se hacen de ella, y evitar cualquier arbitrariedad que se interponga a nuestra propia experiencia a la hora de interpretar el patrimonio africano, nos abre la posibilidad de apreciar una producción artística que favorecía la comunión de los vivos con los muertos. Aunque nuestras miradas se cruzan e interpretan el mismo legado, creo que mientras más se conozca la opinión de los autores, más rápido desaparecerán las tergiversaciones y el anonimato que inventa la ignorancia. Ningún creador es desconocido en su aldea o en la corte, siempre hay crítica dentro de la tradición oral que acompaña la selección de lo trascendente en la producción artística africana. Cada aldeano sabe a quién encargar la hechura de una obra por la satisfacción manifiesta en este simbolismo que motiva a veces desplazamientos y también, intercambios interétnicos. La experiencia asegura a muchos artistas encargos que vienen de todas partes, sólo que las circunstancias de muchas adquisiciones de estas obras, durante la época colonial, no daban prioridad al nombre del autor. Todas las observaciones aquí manifiestas me hacen concluir que, ante la diversidad creativa que distingue al continente, nada puede generalizarse. Es necesario que avancemos en las investigaciones con un respeto mutuo que nos haga recobrar la conciencia de que otras relaciones son posibles en la medida que nos esforcemos en reconocer los errores y mejorar los intercambios culturales. Celebrando estas presencias de las que hablé, el poeta Léopold Sédar Senghor cantó:

> ¡Oh, belleza clásica que no es ángulo sino línea elástica elegante esbelta!
> ¡Oh, rostro clásico! Desde la frente combada hasta el bosque de aromas
> Y los grandes ojos oblicuos hasta la bahía graciosa del mentón
> Y el impulso fogoso de las colinas gemelas!
> ¡Oh, curvas de dulzura, rostro melodioso!
> ¡Oh, mi Leona, mi Belleza negra, mi Noche negra, mi Negra, mi Desnuda!
> ¡Ah, cuántas veces has hecho latir mi corazón como el leopardo indómito en
> su estrecha jaula!
>
> *Chants d'ombre*[8]

[8] Léopold Sédar Senghor, *Toko Waly*, poema traducido por Publio Mondéjar en *Poesía de la negritud*, Madrid, Fundamentos, 1972, p. 81.

La alquimia de las formas

Artes de África en México

*Aquel que no conoce el origen de una máscara, los mitos, los cantos y los pasos de la danza
que le corresponden, así como la manera de honrarla y propiciarla, ignora todo sobre esa máscara.*

PROVERBIO BAMANA, MALI

Raffaela Cedraschi Caverzasio*

Existen muchos puntos de confluencia, pero también de tensión, entre los campos del arte y de la etnografía, dos disciplinas entrelazadas en la producción y descripción de prácticas simbólicas. Desde su propia perspectiva, estas disciplinas ayudan a cuestionar la constitución de un saber que otorga a los museos el poder de manipular el significado de los objetos que entran en él, enmarcándolos en puestas en escena contrastadas destinadas a darle un sentido particular y orientado a intereses distintos de los que los mismos artistas le hubieran dado (Gonseth, Hainard, Kaehr, 1999). En este sentido, sigue vigente lo dicho al respecto desde los años cincuenta:[1]

> Vemos [al arte negro] como si tuviera su razón de ser en el placer que nos ofrece. Las intenciones del negro que lo crea, las emociones del negro que lo mira, eso se nos escapa. Puesto que están escritas en la madera, nosotros tomamos sus pensamientos como [si fueran] estatuas. Y encontramos algo pintoresco ahí donde un miembro de la comunidad negra ve el rostro de una cultura.[2]

En este artículo pretendemos señalar algunos elementos para abordar las piezas que vemos en una exposición y reflexionar sobre el contexto del arte etnográfico. Con estos elementos y las consideraciones teóricas que participan en la concepción e instalación museológica de una exposición con estas características, quisiéramos favorecer el acercamiento del público mexicano a las sociedades que producen este tipo de objetos, en particular porque hasta ahora la percepción de África en Latinoamérica —pero también en otras regiones del mundo— tuvo que pasar por el tamiz de la mirada europea.

EL OBJETO MUSEOGRÁFICO

En mayor o menor medida, todas las colecciones, con excepción quizá de las llevadas a cabo con base en investigaciones etnográficas, se forman siguiendo principios de selección arbitrarios, dictados generalmente por el gusto estético o un interés particular del coleccionista, lo que conlleva enormes lagunas en todos los niveles, desde el contenido hasta la calidad de las piezas.

[1] Todas las traducciones de las citas en inglés y francés son de la autora.

[2] MARKER, Chris, y RESNAY, Alain en CISSÉ, Youssouf Tata, 1995 "Aperçu sur les masques Bambara", en *Masques*, París, Dapper, p.165.

*Curadora de África en el Museo Nacional de las Culturas y curadora de esta exposición.

Los museos creados durante el periodo colonial albergan las mejores colecciones en calidad y cantidad; sin embargo, generalmente concentran sobre todo los objetos coleccionados en las áreas geográficas de su dominio colonial, por lo que sus colecciones carecen de representatividad y variedad acerca de otras áreas del continente.

La mayoría de estas colecciones se consideran etnográficas porque la antigüedad de las piezas no va más allá de finales del siglo XIX; por eso, cuando se habla de este tipo de artes, debe enfrentarse la dimensión histórica. Se suele caer en la trampa de considerar valiosos sólo los objetos "antiguos" o —sobre todo en México— arqueológicos, eliminando así los de hechura más reciente, llamados despectivamente etnográficos.

Este sistema encuentra un interés y una belleza intrínsecos en los objetos de un tiempo pasado y asume que coleccionar objetos cotidianos de antiguas civilizaciones (de preferencia desaparecidas) será más *gratificante* que coleccionar, por ejemplo, termos bellamente decorados de la China moderna u originales camisetas hechas en Oceanía. Los objetos antiguos están dotados de un sentido de "profundidad" por la perspectiva histórica de sus coleccionistas. La temporalidad se redefine y recupera como belleza y conocimiento.[3]

[3] CLIFFORD, James, 1985, "Objects and Selves-An Afterword" en George STOCKING, Jr. (ed.), *Objects and Others. Essays on Museums and Material Culture*, Madison, University of Wisconsin Press, p. 241.

Antes de llegar a un museo y convertirse así en piezas, las obras etnográficas tienen otra connotación; los objetos rituales tienen fines utilitarios y están hechos de materiales perecederos, por lo que sufren tarde o temprano el deterioro causado por el clima, los insectos o simplemente por su uso y manejo. La sustitución del objeto por otro que cumpla los mismos fines culturales no implica nunca una reproducción exacta del anterior, pero el nuevo toma literalmente el lugar de la pieza fracturada o perdida, que seguro también era copia de una obra anterior.[4] Para quienes la usan no hay ruptura en la continuidad simbólica de una pieza a la otra y la nueva copia adquiere el mismo valor que la original; el interés en fechar con exactitud la pieza o establecer su autenticidad se convierte en una preocupación exclusiva del investigador o del coleccionista. Los diferentes tipos de marcas dejados por el manejo continuo permiten afirmar que una pieza cumplía efectivamente una función en la cultura de la comunidad que la elaboró y utilizó; en muchos casos, sin embargo, resulta difícil establecer con exactitud la verdadera utilidad de todos los objetos.

[4] SIEBER, Roy y WALKER, Roslyn A., 1987, *African Art in the Cycle of Life*, Washington, D.C., National Museum of African Art-Smithsonian Institution Press.

LA REPRESENTACIÓN DE LA "REALIDAD" Y EL OBJETO DE ARTE

Por lo que se refiere a la historia de las colecciones de piezas de África, Oceanía y América del Norte, exclusivamente los primeros grandes museos de historia natural y posteriormente los de antropología, conformaron colecciones etnográficas que cubren todos los aspectos de la vida material de las culturas representadas. Desafortunadamente, en muchos casos, se formaron por medio de saqueos sistemáticos disfrazados de investigación científica.

Por el contrario, la mayoría de las colecciones más recientes carecen de los utensilios o herramientas propias de los quehaceres cotidianos que ayudan a ilustrar el modo de vida de una comunidad, por lo que están constituidas casi exclusivamente por objetos de "arte", es decir, tallas rituales, entre máscaras y esculturas, relacionadas con alguna práctica religiosa y social.

A pesar de su historia de exclusión de los museos dedicados a las bellas artes y de su evaluación negativa por parte de las pautas marcadas por el humanismo universal y la estética evolucionista, la cultura material de los pueblos no occidentales ha sufrido un proceso de "estetización" desde su posición original en los museos [...] Así, objetos de la "cultura material" —que en sus contextos tradicionales tienen a menudo un valor espiritual— son "reespiritualizados" (en sentido occidental) como objetos estéticos, al mismo tiempo que se sujetan a los procesos del mercado de arte mundial. [...] Pero, sean éstos definidos como "arte por metamorfosis" o creados como "arte por designación", los objetos que anteriormente iban a los museos de etnografía como piezas de cultura material se convirtieron en material elegible para incluir en los museos de bellas artes. (Stocking, 1985:6)[5]

[5] STOCKING, George, Jr. (ed.), 1985, *Objects and Others. Essays on Museums and Material Culture*, Madison, University of Wisconsin Press, p. 6.

En un museo de arte concebido desde un punto de vista occidental, el significado propio de cada expresión artística, que incluye no solamente sus formas y funciones sino el conjunto de valores que lo justifican, se pierde en una masa indiferenciada de objetos. Cuando se exhiben, las máscaras y esculturas se inmovilizan, se cosifican, y pierden fuerza puesto que están alejados de la matriz cultural que los generó y les daba su razón de existir.[6]

[6] MURUNGI, John, 1982, "Hacia una comprensión del arte africano", en *Diógenes*, Nº 119, México.

A pesar de lo mucho que se ha escrito y reflexionado sobre el llamado "arte primitivo", el reconocimiento de la existencia de gente que vive, piensa y crea distinto es muy pobre todavía. En historia del arte los términos de referencia son la escultura griega y la pintura europea u oriental que marcan el modelo por excelencia; evidentemente el arte africano no responde a clasificaciones tales como "naturalismo" o "clasicismo", ya que se sitúa fuera de la tradición occidental que hace que estos conceptos tengan sentido. No es sorprendente que los primeros admiradores del arte de culturas no europeas hayan surgido al margen de la academia y en abierta rebeldía hacia las corrientes estéticas de finales del siglo pasado. Artistas como Matisse, Picasso, Kandinsky "descubren" las artes de África y Oceanía precisamente por su búsqueda de soluciones plásticas diferentes, un cambio drástico en el concepto de las formas. No sabían nada o casi nada de las culturas que crearon las tallas que tanto los impresionaron, pero tampoco era importante para su búsqueda estética. Las palabras de Picasso después de visitar, por equivocación, una sala del antiguo Museo de Etnografía de París (hoy Museo del Hombre a punto de cerrarse), contadas más tarde por André Malraux, revelan muy bien el impacto emotivo y el poder expresivo del arte africano:

"Ese museo espantoso... Era asqueroso... El mercado de las pulgas, el olor... Quería irme. No me iba. Me quedaba. Me quedaba..." Al parecer presentía que le pasaba algo "...que era muy importante". De pronto se dio cuenta de "...por qué era pintor". Descubrió que las máscaras eran antes que nada "...unas cosas mágicas", unos intermediarios, unos "intercesores" entre los hombres y las fuerzas obscuras, unos "medios", unas "armas" para liberarse de las angustias y los peligros que pesan sobre la humanidad. "Y las *Demoiselles d'Avignon* se concretaron precisamente ese día pero no precisamente a causa de las formas; sino por que era mi primer lienzo de exorcismo..."[7]

[7]N'DIAYE, Francine, 1996, "L'art africain, les artistes et le Musée de l'Homme", en *Arts d'Afrique Noire*, 100, Francia, p. 19.

Aquí, la alquimia particular de las obras africanas, ese poder de transformación de la materia, se entiende muy bien justo por otro artista. Quizá convenga recordar al respecto las palabras de Schwartz:

El alquimista y el artista comparten la misma ambición: hacer con el fin de conocer, y conocer con el fin de transformarse a sí mismos así como al mundo. Alquimia y arte aspiran a volverse un sistema de conocimiento y un instrumento de transmutación.[8]

[8]SCHWARTZ, Arturo, 1986, "Art and Alchemy", en *Arte e scienza*, La Biennale di Venezia, Venecia, Electa Editrice, p. 77.

En general, sin embargo, nuestra fascinación por el "primitivismo" y los objetos "exóticos", a los que atribuimos una serie de valores ajenos a las obras, como "espontaneidad", "instinto primigenio" o "libertad de creación" es el resultado de nuestro particular proceso cultural.

En un mundo donde el progreso tecnológico se considera la única y mejor manera de supervivencia y desarrollo, las creencias evolucionistas no desaparecen tan fácilmente. El arte etnográfico se ve como reflejo de un pasado muy remoto, remanente de un estadio temprano en la evolución humana, o la expresión de una cultura congelada en el tiempo. El término "primigenio" o

"primitivo" es entendido en el sentido de más sencillo o más temprano en términos evolutivos. En ambos casos el término es engañoso; "en cuestiones relacionadas con la religión, así como con el arte, no hay pueblos 'más simples', sino sólo pueblos con tecnologías más simples que las nuestras. La vida 'imaginativa' y 'emocional' de los hombres es rica y compleja, siempre y en todas partes".[9]

[9] TURNER, Victor, 1969, *The Ritual Process*, Chicago, Aldine, p. 14.

Como parte integral de la vida de los pueblos destinatarios, ningún arte puede considerarse "primitivo"; los universos estéticos, determinados ampliamente por los rasgos colectivos de las culturas que los producen, son expresiones culturales totales, aun cuando sus formas, en áreas donde la tradición oral predomina, sean muy a menudo efímeras. Las variadas expresiones combinadas que aparecen —danza, música instrumental, canto, poesía, ornamentación corporal, arquitectura y escultura— pretenden un conocimiento y dominio sobre el cosmos que incluye al mismo tiempo al hombre, la naturaleza y lo sobrenatural. Lo "bello" no es sólo noción dependiente de la cultura y relacionada con normas particulares, es también, en un contexto dado, un equilibrio de elementos de los cuales sólo algunos son materiales. La escultura, de hecho, es simplemente el más accesible, el más transportable de esos elementos en juego.[10]

Al respecto, se observa correctamente que el arte contemporáneo occidental tiene mucho en común con el arte tradicional africano por su acercamiento multidisciplinario, el auge del *performance*, el aprovechamiento de materiales heterodoxos, la preeminencia del signo, la práctica de una estética comunitaria.

La actividad artística en África no se limita a la creación plástica, es decir, a aquellos objetos que el mundo occidental considera dignos de ser clasificados como obras de arte. Las artes africanas encuentran medios muy diversificados de expresión, ya que siempre combinan con alguna preocupación de tipo funcional. La ornamentación personal es al mismo tiempo una manera de expresión y un sistema de protección. Puede consistir en escarificaciones (pequeñas cicatrices abultadas o hundidas que forman a veces complejos dibujos en la piel), pinturas faciales y corporales, peinados elaborados, mutilaciones o deformaciones voluntarias, reforzados con varios tipos de joyas de materiales prestigiosos o con efectos terapéuticos. En muchas sociedades, como las nómadas, la ausencia de las artes plásticas se compensa con la práctica del adorno corporal y por formas de expresión ligadas a la tradición oral como la música, el canto y la poesía. Este tipo de prácticas y expresiones se vuelven de hecho los soportes preferidos para los símbolos operativos del grupo.[10]

LOS ARTISTAS Y SUS MATERIALES

Las obras africanas no se reducen al uso de la madera o el marfil, las materias primas más conocidas; encontramos una enorme variedad de materiales y perfecto dominio de técnicas de alfarería, metalurgia, tejido y cestería.

Destaca el uso de la madera por ser universal en África, aun cuando la escultura se practica más en culturas agrícolas sedentarias. El tipo de madera utilizado varía según la región, pero en la elección también influye la funcionalidad del objeto: generalmente se prefieren maderas ligeras y suaves para las máscaras, mientras que las maderas pesadas y de grano fino se usan en figuras y muebles que requieren más resistencia. La mayoría de las esculturas se hacen con un solo trozo de madera y la forma cilíndrica del bloque inicial, generalmente un tronco, suele reconocerse en el objeto acabado. La técnica empleada es sustractiva, es decir, se remueve la madera para que salga la escultura. Hechas generalmente en madera clara, las esculturas se tratan con plantas, pigmentos minerales, resinas o grasas como el aceite de palma, que las obscurecen y conservan. Las máscaras se colorean con pigmentos minerales o vegetales —semillas, hojas y bayas—, generalmente de blanco, rojo y negro, aunque hoy día es muy común encontrar máscaras con los brillantes colores de pinturas sintéticas.

[10] PERROIS, Louis, 1988, "Toward an Anthropology of 'Black African Art'", en W. SCHMALENBACH (ed.), *African Art from the Barbier-Mueller Collection*, Génova-Munich, Prestel.

En tiempo muy reciente, todos los objetos cotidianos —utensilios, recipientes, telas, esteras, instrumentos musicales, armas, pipas, asientos, apoya-cabezas, puertas, postes, símbolos de poder— tenían ricas decoraciones, pensadas para embellecer al objeto e indicar su pertenencia o su importancia social o ritual. Todos estos objetos de las artes africanas, por iguales razones que los objetos exclusivamente rituales o sagrados, son testigos de un gusto secular por cosas bellas, hechas para el gozo de la vista y el tacto. De hecho, estas "artes menores", en términos occidentales, participan mucho más en la vida cotidiana de la gente que las máscaras o las estatuas, casi siempre guardadas o poco visibles en sus apariciones públicas ya que, al ser manifestación de lo sobrenatural, su identidad debe ocultarse.

En África pocos escultores son profesionales, como era el caso de los de la corte real, que vivían bajo la protección del rey y creaban sólo para él, no precisamente por razones estéticas o culturales sino para reforzar su prestigio y poder, ya que todas las actividades artísticas se dirigían a la producción de símbolos para mantener y dar continuidad al orden social existente. Por lo general, sobre todo en África occidental, el escultor es al mismo tiempo artesano, el herrero de la comunidad —y su mujer la alfarera— y se dedica principalmente a la construcción o reparación de los utensilios de labranza y de caza utilizados por los agricultores. Sin embargo, el anonimato de los artistas africanos es resultado de la ignorancia de occidente sobre las realidades locales donde los objetos se producen. Algunas investigaciones recientes revelan que los artistas más destacados, así como los curanderos, músicos, cazadores o guerreros, son bien conocidos en su comunidad y en la mayoría de los casos se conserva la memoria de los que murieron. Sus obras de uso comunitario y ritual, por tanto, no necesitan llevar "firma" en sentido occidental; la autoría se reconoce automáticamente por la comunidad gracias a soluciones formales de ciertos artistas, su marca visible, no escrita.[11]

EXPRESIÓN Y PERCEPCIÓN

Actualmente, las esculturas africanas deberían verse y apreciarse sólo como productos integrantes de un sofisticado sistema de pensamiento. Recién se pone más atención en las percepciones estéticas propias de los pueblos africanos y, a pesar de que las investigaciones son muy escasas, algunos datos pueden ayudarnos a acercarnos mejor a estas concepciones distintas. En muchos idiomas africanos se encuentra que "bello" y "bueno" comparten la misma palabra, sin embargo, los elementos que entran en juego en la valoración estética varían considerablemente de región en región; algunos grupos enfatizan la calidad de la talla y su acabado, otros el balance entre lo ideal y lo real de la representación, la composición, la simetría o la proporción "emocional", es decir, por ejemplo, cuánto se distorsiona la proporción del tamaño de la cabeza o del vientre en relación con el cuerpo, por ser éstos considerados centros vitales e intelectuales del hombre ("antinaturista" desde el punto de vista de la percepción estética occidental). En general, ni los niños ni los ancianos se represen-

[11] En esta exposición de más de 300 obras, conocemos únicamente el nombre de seis artistas: Zon, de Liberia, autor del tablero de juego *ma kpon* (cat. 212); Nana Osei Bonsu, de Ghana, autor de una escultura de altar (cat. 41); Kueku Buja, de Ghana, autor del tambor de una compañía *Asafo* (cat. 293); Kane Kwei, también de Ghana, autor del ataúd en forma de fruto de cacao (cat. 306); El Hadj Saidi Oumba, autor de varias cruces de plata Tuareg (cats. 226, 227, 228 y 229), y Ali Amonikoyi, autor de la escena de caza (cat. 167) del antiguo reino de Dahomey (hoy República de Beniín).

tan en tallas,[12] por el contrario, siempre se idealizan los rasgos de una persona joven pero completamente adulta, con énfasis en cualidades como fertilidad, salud y fuerza, en síntesis, la representación del ser social por excelencia. Esto no es extraño en sociedades donde los niños, antes de la iniciación que los convierte en adultos, no se consideran miembros plenos de la sociedad, mientras que los ancianos ya se encuentran a un paso de abandonar el mundo de los vivos para convertirse en antepasados; en ambos casos, efectivamente, se encuentran en una etapa de transición y no en la plenitud de la vida adulta.[4]

Resulta evidente que, en cuanto todo objeto está hecho para cumplir con un propósito específico en el marco de una sociedad, el artista no puede crear algo "hermoso" sin tomar en cuenta los aspectos funcionales. La libertad del artista, de la misma manera que la del músico o del danzante, está restringida por los límites de la norma de comprensión, puesto que el producto final es parte de un sistema de signos —temas, formas, colores, decoraciones— presuntamente entendido por los iniciados y aceptado por todos los demás. Desde este punto de vista, la escultura se vuelve una especie de "escritura"; se puede escribir bien o menos bien, sin embargo, lo esencial es lograr comunicar el contenido de un mensaje.[10]

OPCIONES DE EXPOSICIÓN

Tomando en cuenta estas consideraciones generales, cuando se trata de arte etnográfico se plantea la necesidad de encontrar un acercamiento adecuado para la exhibición de este tipo de objetos. El tratamiento que clásicamente se ha dado al tema de África, se puede resumir en tres grandes líneas: un manejo histórico del continente y sus culturas; un discurso inspirado más en la antropología clásica, donde África se subdivide en grandes áreas culturales y el énfasis está puesto en la organización social y económica de los grupos, y por último, una exposición con un manejo más formal proveniente de la historia del arte que reagrupa las piezas según las áreas estilísticas, siguiendo, cuando es posible, su desarrollo histórico. Veamos cada una.

Partir del discurso histórico para una exposición sobre África resulta siempre muy atractivo por la posibilidad de reivindicar frente al público la imagen de un continente "primitivo" por excelencia, "pobre" y "negro", donde se suele creer que nunca hubo "historia", grandes culturas o civilizaciones, ni escritura. Sin embargo, una exposición histórica completa y abarcadora, desde la prehistoria hasta la actualidad, cuando no se cuenta con una colección con estas características, termina perdiendo de vista los objetos etnográficos y se ve obligada a respaldarse en una profusión de mapas, gráficos, cronologías e interminables cédulas explicativas de procesos históricos complejos y ajenos al público general. Difícilmente puede forzarse a las máscaras de iniciación, por ejemplo, de tal modo que se relacionen con la esclavitud. De igual manera, ¿cómo hablar del surgimiento y caída de los grandes reinos de Sudán occidental sin piezas de referencia? O, dicho de otra forma, ¿cómo ilustrar la antigüedad de África, la cuna del hombre, sin el esqueleto de Lucy?

[12] En la exposición podemos encontrar una de las raras excepciones del caso, una máscara de anciana de los Makonde de Mozambique (cat. 190).

Por otra parte, la división en grandes áreas culturales presenta sus propias dificultades. La primera y más evidente es elegir el criterio con el cual se establece la tipología de áreas culturales. Los investigadores generalmente coinciden en utilizar como base un criterio lingüístico, sin embargo, para fines museológicos, resulta más interesante la clasificación a partir de modos de producción y sistemas sociales, aunque pueda ser menos precisa y más discutible. Siguiendo esta línea, África subsahariana estaría dividida entonces en seis grandes áreas: reinos y ciudades comerciales de Sudán occidental; regiones selváticas de la costa de Guinea y la cuenca del Congo; grupos pastoriles nómadas de África oriental y occidental; reinos y jefaturas sagradas de las sabanas meridionales; grupos de cazadores-recolectores, como los Bambuti de las selvas congoleñas y los !Kung del desierto del Kalahari. Uno de los problemas que presenta este criterio es que la exposición inevitablemente resulta desbalanceada. Las culturas comúnmente consideradas más pobres y primitivas suelen estar escasamente representadas; el huevo de avestruz y los taparrabos de cuero de los !Kung o las lanzas Maasai, por más interesantes que sean desde una perspectiva etnográfica, jamás podrán competir visualmente si son expuestas con el mismo criterio que las tallas de los pueblos agricultores. Otro problema, entre varios, es cómo diferenciar claramente cada área cultural sin la ayuda, por ejemplo, de la tecnología característica de cada región para ilustrar procesos como roza, tumba y quema o entender el desarrollo de las grandes ciudades del Sahel sin considerar las rutas de comercio transaharianas, elementos casi siempre ausentes de las colecciones de arte africano.

En la solución propuesta por la historia del arte se pueden diferenciar las grandes áreas culturales a partir de su producción artística, lo que las convierte en áreas estilísticas. Con esta clasificación, sin embargo, los pueblos que no tienen producción "artística" quedan excluidos. Hasta hace poco, se consideraba todavía que las artes plásticas, como pintura y escultura, sólo podían florecer entre pueblos sedentarios, puesto que la vida nómada y errante de los grupos ganaderos no permitía la producción de obras artísticas. Los responsables de estas afirmaciones eran generalmente investigadores o curadores de museos, cuyo interés se centraba en las colecciones de piezas para su exhibición, las cuales evidentemente no podían incluir objetos perecederos o decoraciones efímeras, como ocurre con las máscaras de hojas y plumas que se tejen directamente sobre el cuerpo del danzante y que son destruidas en el momento de quitárselas, o los dibujos en la arena o en las paredes de lugares sagrados que serán borradas por las lluvias de manera irremediable.[13] Estas dificultades nos han impedido apreciar elementos culturales que en muchos casos revelan mejor la concepción estética colectiva. Las pinturas faciales y corporales, así como los adornos de muchos grupos de África oriental, son otro ejemplo elocuente de este arte efímero. Los nómadas, siempre en busca de nuevos pastizales o fuentes de agua para sus manadas, no plasman sus valores y su arte en objetos duraderos sino en danzas y cantos, y en el privilegiado lienzo que es el cuerpo humano.

[13] PAULME, Denise, 1973, "Adornment and Nudity in Tropical Africa", en A. FORGE (ed.), *Primitive Art and Society*, Londres, Oxford University Press.

La alternativa propuesta para exponer la colección del M. H. de Young Memorial Museum, uno de los Museos de Bellas Artes de San Francisco, pretende ser una solución de compromiso entre estas múltiples opciones. En la actualidad, una exposición sobre África implica obligatoriamente el reto de equilibrar lo etnográfico, lo estético y lo histórico, en la medida en que la colección lo permita. Desde un enfoque exclusivamente etnográfico, se corre el riesgo de perder de vista al objeto o de considerarlo sólo como un elemento subalterno para la comprensión de aquellas instituciones, con todas sus implicaciones sociales y religiosas, que utilizan máscaras y esculturas. Por otra parte, un acercamiento exclusivamente estético de las piezas excluye muchos aspectos indispensables para el entendimiento de obras que se salen por completo de nuestra manera acostumbrada de entender el arte; de ahí la necesidad de considerar el contexto.

Se ha dicho que el arte es un lenguaje universal, capaz de acortar distancias y de comunicar un mensaje idéntico a todos los individuos, independientemente de su raza y credo [sin embargo] en algunos casos puede producirse una total falta de comunicación cuando se contempla una obra de arte en un medio completamente diferente del que la originó. El lenguaje de la obra de arte (en el sentido de la forma) puede resultar, pues, totalmente indescifrable si no se comparten elementos comunes que permitan la interpretación. No sólo es la interpretación de la forma una fuente de dificultades, sino que el contenido real de la obra de arte puede permanecer inaccesible aun cuando se haya comprendido aquélla.[14]

[14] BALOGUN, Ola, 1980, "Forma y expresión en las artes africanas", en Alpha SOW, Ola BALOGUN, *et al.*, *Introducción a la cultura africana. Aspectos generales*, Barcelona, Serbal-UNESCO, P. 32.

[15] NEURATH, Johannes, 1999, "La sala del Gran Nayar del Museo Nacional de Antropología: explicar la plurietnicidad a un público pluricultural", en *Diario de Campo*, suplemento N° 5, México, CNA-INAH.

Dicho de otra manera, la fuerza y la profundidad de una talla serán reforzadas si se conceptualiza y se da contexto a su significado; no se reemplaza la experiencia visual con un discurso, sino se enriquece proporcionándole elementos adicionales para su comprensión.[6]

Después de analizar las posibilidades, regresamos a nuestro punto de partida, es decir, a las piezas. ¿De qué nos hablan las obras con las cuales contamos, casi exclusivamente máscaras y esculturas? ¿A qué nos remiten cuando no están forzadas a encajar en abstractos guiones académicos?

Siempre será el *objeto etnográfico real*, lo que permite que la visita al museo resulte una experiencia más interesante que simplemente ver el *Discovery Channel*. Sin embargo, el conocimiento de la otredad no se alcanza con el objeto estético aislado. Tampoco se trata de organizar salas discursivas, llenas de cédulas, tableros, gráficos y módulos audiovisuales. Para esto son los libros, videos, CD-roms e *internet*. La "lógica de lo concreto" da las pautas para presentar el material etnográfico de una forma coherente y acorde con los sistemas de clasificación y las cosmovisiones indígenas. Una museografía de este tipo reconcilia el goce estético con la explicación didáctica y permite al visitante comprender al menos algunos aspectos de un mundo de convivencia que le es ajeno.[15]

Detrás de las piezas hay efectivamente un mundo de condiciones sociales, interpretaciones, creencias, instituciones, códigos compartidos, mitos, ceremonias, cantos, danzas, ritos y música. Distintas para cada grupo étnico y, sin embargo, con un solo hilo conductor: las instituciones sociales y religiosas que definen a África como bloque cultural, al mismo tiempo que marcan su diferencia frente al resto del mundo. Claro está que no son exclusivas de estos pueblos pero en África cobran importancia tal que las hace características.

Las piezas de esta exposición, se reagrupan casi espontáneamente según su pertenencia, más o menos marcada y definida, a las instituciones sociorreligiosas, hecho que nos define la temática a seguir; sin embargo, no hay que tratar estos temas de manera rígida, puesto que la mayoría de las instituciones africanas son plurifuncionales y participan en momentos diferentes de la vida de la comunidad. La división de la exposición por temas permite al público adentrarse en el conocimiento de los rasgos culturales, sin constricciones de tipo histórico o geográfico, con el fin de percibir el valor particular de algunas instituciones africanas. Los temas ofrecen además la ventaja de permitir al espectador un recorrido "circular", no forzosamente dirigido por razones explicativas; el público puede visitar la sala libremente, según el orden que mejor le agrade, puesto que los distintos temas están entrelazados y sin rupturas, de tal manera que poco importa si se empieza por el final.

También por esta razón se decidió utilizar el tiempo presente en las cédulas explicativas o de contexto, conscientes del riesgo de "congelar" las culturas africanas en un ficticio presente etnográfico, menos prejuicioso, a nuestro entender, que presentarlas como formas estáticas remanentes de un pasado remoto y por ende superado desde la perspectiva evolutiva. Mostrar a las culturas africanas como contemporáneas ofrece una pauta más de reflexión para un público que generalmente se ubica entre los "civilizados" y se distingue de los "primitivos", pasados o presentes. La identidad de las artes africanas, o etnográficas en general, no deriva de una constante repetición de los mismos arquetipos, sino de su capacidad de articular el presente, reinventar el pasado y proponerse un futuro.[16] El arte tiene, además, la posibilidad de confrontar el presente de dos maneras; por un lado, una obra pertenece social y culturalmente a su propio tiempo, el presente en la que fue concebida y utilizada pero, al mismo tiempo, participa también de nuestro presente, cuando se percibe el objeto como pieza u obra. El presente estático que se usa para describir y contextualizar a las piezas parecería entonces no dirigirse exclusivamente al tiempo cuando la pieza se usaba —lo que niega cambio y movimiento— sino apelar a esta falta de dinamismo característica exclusiva del presente donde la pieza se inmoviliza, colgada en una pared o bajo la vitrina de museo.

[Esta estaticidad] permite a nuestra conciencia detenerse, quedarse tranquila, como lo era, para contemplar y cuestionar, y, si podemos escucharla profundamente, podríamos comprender y entender el objeto y la sociedad que lo produce, a pesar del mundo en

[16] BARGNA, Ivan, 1998, *Arte africana. L'arte e il sacro*, Milán, Jaca Book.

constante mutación que nosotros y el objeto compartimos. La etnografía del arte es el medio a través del cual escuchamos y alcanzamos ese entendimiento.[17]

[17] O'REILLY, Vanessa, 1999, "'Boa Constrictor Digesting an Elephant'", en Marc-Olivier GONSETH, Jacques HAINARD y Roland KAEHR (eds.), *L'art c'est l'art*, Neuchâtel-Suiza, Musée d'Ethnographie, p. 113.

La intención fue configurar una imagen que no compitiera con la experiencia estética total de una puesta en escena africana ni con un libro pero que invitase a la lectura y a sucesivas exploraciones. Una exposición que, como el propio discurso antropológico, permita interrogar a los objetos de diferentes maneras. Una exposición que, con las herramientas disponibles del lenguaje museológico, recurriese a la metáfora y a la evocación más que a la traducción de las complejas dinámicas sociales y concepciones estéticas de las culturas representadas. Una exposición, en fin, que logre un impacto emotivo y gozoso incorporando, más allá del discurso visual y conceptual, colores y texturas, aromas y sabores, narraciones y música.

Esperamos que el objetivo se cumpla, que el público se lleve una imagen de África —quizá parcial pero sin prejuicios— más llena de significado, variedad y riqueza, y que forme parte de esa "zoología fantástica" a la que debería pertenecer todo asistente a un museo, y que tan bien resumieran Veron y Levasseur:

Puedo como una industriosa hormiga observar con minuciosa atención, deteniéndome en todas y cada una de las vitrinas, los objetos, los gráficos, leer cada pie de objeto y cédula; o volar de una a otra como mariposa; avanzar como chapulín, por saltos, dirigiéndome sin vacilar, hacia lo que desde lejos llamó mi atención; deslizarme como pez entre las vitrinas sin detenerme nunca o hacer el recorrido del ratón en el laberinto, donde solamente me detendrán las que obstaculicen mi camino... y es ésa la sola condición de la forma que daré a mi lectura, pero a la forma debo agregarle los parámetros ya establecidos de lugar y visión del mundo propios de cada visitante. [18]

[18] VERON, E., y LEVASSEUR, M. en VEGA, Socorro de la, y FALCÓN, Gloria, 1998, "El lenguaje seductor de los museos de antropología", ponencia presentada para el Congreso de la Sociedad Mexicana de Antropología, San Luis Potosí (mecanoescrito), p. 2.

Ciudad de México, junio de 2002

El extranjero no ve aunque tenga los ojos abiertos.
PROVERBIO BAULE, COSTA DE MARFIL

Máscara que representa el espíritu de un elefante (*ogbodo enyi*). *Vista lateral.* Cat. 4

Ningún arte puede considerarse primitivo, y el arte africano no es ninguna excepción. Como todo arte surge y refleja una matriz cultural más amplia y es parte integral de la sociedad que lo produce. Esta exposición ofrece un panorama muy extenso de las tallas y la vida de muchos pueblos principalmente de África occidental y central. Es una muestra que celebra la excelencia artística e ilustra los contextos culturales de los objetos y el papel que juegan en el mantenimiento y la recreación de los valores sociales de las comunidades que los crearon. Estos elementos ayudan a ensanchar nuestra visión sobre África y descubrir así que nuestras ideas preconcebidas sobre estos pueblos responden más bien a prejuicios, distorsiones de la realidad o falta de información.

La intención de esta exposición es evocar una imagen de los mundos estéticos y conceptuales de África —sin competir con experiencias directas, ni con estudios antropológicos o libros literarios—, quitar el velo de la mirada occidental sobre África y ofrecer un acercamiento menos triangulado, prejuicioso o superficial, por lo tanto más franco y fresco.

Descubrimos que una máscara no es solamente un rostro en madera aprisionado en una vitrina, sino parte de un todo, la materialización de un concepto o una fuerza, la intermediaria entre dos esferas de la realidad. La escultura de una mujer con un niño en sus brazos no es un retrato, sino la expresión de una idea más abstracta de fertilidad, de continuidad de la vida, de la unión entre generaciones. Encontramos que algunos aspectos de estas culturas, supuestamente tan distantes y ajenas, nos son de alguna manera más familiares de lo que hubiéramos podido suponer; rituales funerarios y cultos a los muertos, transformación de la materia y manipulación de fuerzas sobrenaturales con fines curativos, invocaciones propiciatorias para buenas cosechas.

Gracias al discurso visual de las piezas y al conceptual de los textos, pero también por medio de colores y texturas, de narraciones y música, y a través de un amplio abanico de temáticas —sin fronteras rígidas ni orden obligado— pretendemos ofrecer algunos elementos para mejor apreciar y entender las complejas y sofisticadas concepciones africanas del mundo, donde esculturas y máscaras participan como elementos esenciales y que desprenden un poder de fascinación tal que rebasa cualquier frontera, espacial, temporal o cultural.

Máscara antropomorfa con deformación facial de la sociedad *Ekpo* (*ídíok*). Cat. 2

Placa con figura femenina
sosteniendo un pequeño leopardo
en el hombro. Cat. 3

En la selva tropical del actual Nigeria, los Edo fundaron
el reino de Benin alrededor de 1200, mismo que alcanza
su apogeo entre los siglos XV y XIX. En Febrero de 1897
el *Oba*, rey de Benin, y toda su corte fueron expulsados
del país, a raíz de la necesidad de la colonia británica de
doblegar este reino a sus servicios. El *Oba* regresa de nuevo a Nigeria en 1914, donde reconstruye el palacio y trata de revivir las tradiciones de la corte. La mayoría de las
obras en marfil y bronce (una aleación de cobre con es-
taño) de la época, muy conocidas y apreciadas en las colecciones particulares y de museos, provienen precisamente del saqueo de 1897.

Las placas de bronce, como la expuesta, estaban hechas con la técnica de la cera perdida y recubrían las co-
lumnas del palacio; representan generalmente acontecimientos históricos y militares importantes o personajes
y escenas de la vida de la corte. Aquí vemos a una joven
mujer, seguramente de una importancia ritual particular, puesto que en ninguna placa de Benin se encuentran
representaciones femeninas. Lleva en su hombro a un
pequeño leopardo, identificado como una jarra de agua
en forma de leopardo. El leopardo, rey entre los animales, estaba siempre asociado a la autoridad del *Oba*, tanto que se criaban algunos ejemplares jóvenes de estos
felinos en los jardines de la corte.

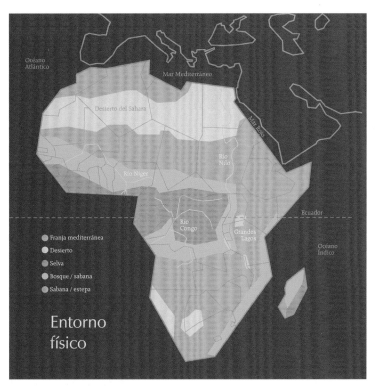

Océano
Atlántico

Mar Mediterráneo

Desierto del Sahara

Mar Rojo

Río
Nilo

Río Níger

Río
Congo

Grandes
Lagos

Ecuador

Océano
Índico

- Franja mediterránea
- Desierto
- Selva
- Bosque / sabana
- Sabana / estepa

Entorno físico

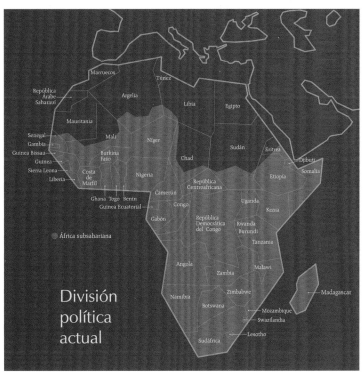

Marruecos

Túnez

República
Árabe
Saharauí

Argelia

Libia

Egipto

Mauritania

Malí

Níger

Sudán

Eritrea

Senegal
Gambia
Guinea Bissau
Guinea
Sierra Leona
Liberia

Burkina
Faso

Chad

Djibuti
Somalia

Costa
de
Marfil

Nigeria

Etiopía

Ghana Togo Benín
Guinea Ecuatorial

Camerún

Congo

República
Centroafricana

Uganda

Kenia

Gabón

República
Democrática
del Congo

Rwanda
Burundi

Tanzania

- África subsahariana

Angola

Zambia

Malawi

Namibia

Zimbabwe

Madagascar

Botswana

Mozambique
Swazilandia

Sudáfrica

Lesotho

División política actual

Creadoras de vid.

Continuidad de la existenc

La madre es como un río.
Proverbio Bamana, Mali

En África, muchos pueblos consideran a la mujer el núcleo del presente, una sólida columna entre el pasado de los ancestros y el futuro de sus hijos. Alrededor suyo gira el ciclo de la existencia: nacimiento, crecimiento, muerte, transformación en antepasado y nuevo nacimiento en un hijo. El énfasis escultórico recae por tanto en la mujer dado su poder reproductor y por ocupar un sitio central en el ciclo de vida como regeneración y fuerza vital. El papel de la mujer incluye su capacidad de dar alimento y sustento, pero también es ella quien determina la prioridad en los derechos de propiedad por la descendencia de la línea materna.

La figura del hijo en las esculturas es prolongación accesoria de la madre; el niño es a veces amorfo o inanimado, y en algunos casos presenta rasgos de adulto, lo que expresa quizá la idea de continuidad entre las generaciones. El poder de procrear, sin embargo, tiene cierto sentido de ambigüedad entre los hombres; es objeto de veneración y temor a la vez, ya que implica un poder relacionado con las fuerzas vitales naturales no controladas por los hombres, lo que sitúa a la mujer en una posición privilegiada en ciertas sociedades al ser intermediaria entre los vivos y el mundo sobrenatural.

La figura de una mujer con un recién nacido denota igualmente una especie de *neutralidad*, que la equipara a la anciana, ya que ambos estados implican suspensión del poder creador: un recién nacido requiere amamantamiento prolongado, por tanto, la interrupción de la menstruación y de las relaciones sexuales.

Esta visión de la vida que incluye el nacimiento, la muerte y el renacimiento o regeneración, revela que la presión de ser madre es enorme. Desde su infancia las mujeres son preparadas para tener hijos y esta meta es reforzada en cada etapa de su vida; en muchas culturas, además, el sello del matrimonio se da hasta el nacimiento del primer hijo. Las prácticas funerarias revelan la importancia de esta razón, pues son los hijos quienes se ocupan de que el muerto tenga los rituales apropiados, sin los que el difunto no podría formar parte del mundo de los antepasados. Sin hijos, por tanto, se llega a una muerte verdadera, sin regeneración posible.

Una leyenda narra la historia de las muñecas de fertilidad entre los Ashanti y grupos emparentados:

> Akua era una mujer que tenía la desgracia de no ser fértil. Consultó su problema con un sacerdote que le recomendó mandar tallar una figurita de madera. Debía llevar esta muñeca a la espalda como si fuera un niño vivo y cuidarla, es decir, vestirla, alimentarla, bañarla, dormir con ella y ofrecerle pequeños regalos. Akua hizo todo esto, pero después de un tiempo sus vecinos empezaron a burlarse de ella por su locura. "Akua —le decían— ¿ése es tu niño?" Y la atormentaban diciendo "¡Ay, miren al hijo de Akua!" Sin embargo, Akua se embarazó y dio a luz a una hermosa niña. Los que se habían burlado de ella se disculparon y empezaron a adoptar la escultura para propiciar o curar la infertilidad. En honor a Akua, todas estas tallas se conocen como *akua'ba*, el hijo de Akua (o *akua'mma*, en plural).

Este proceso, sin embargo, es más complicado. El sacerdote seguramente "cura" la figura después de estar cierto tiempo en un altar dedicado a la fertilidad, antes de entregársela a la mujer con problemas para embarazarse. Después de dar a luz, la muñeca puede regresarse al sacerdote que medió en la concepción; en ese caso se expone en su altar como evidencia de su poder y éxito espiritual. En otros, la familia la guarda en altares personales. Si una mujer no da a luz, la muñeca se entierra con ella cuando muere.

Generalmente estas figuras son femeninas, quizá porque Akua tuvo niña, o quizá debido al deseo de las mujeres de tener niñas que las puedan ayudar en los quehaceres domésticos, o como reflejo de una sociedad con descendencia matrilineal.

La forma tan familiar de las *akua'mma* (1) representa el ideal de belleza femenina entre los Ashanti: cabeza redonda con una frente alta y plana, cachetes anchos y cuello largo.

Las muñecas Fante (2) son una variante de las Ashanti, con cabeza plana y rectangular; generalmente sus cuerpos son cilíndricos, sin brazos ni piernas; en nuestra pieza, sin embargo, la muñeca tiene piernas. En muchas *akua'mma* la parte de atrás de la cabeza tiene motivos en bajorrelieve —como en esta pieza—, donde algunos son puramente decorativos, mientras otros son protectores o refieren a algún proverbio o mito.

Las muñecas de los Namchi (3) son hechas por los herreros para las niñas, sin embargo, si la muñeca se adorna con collares de chaquira, como aquí vemos, conchas u otros materiales decorativos o amuletos protectores, la muñeca se convierte en el bebé deseado por una mujer con problemas para quedar embarazada y lo cuidará como si estuviera vivo. Las decoraciones que porta son los adornos de las jóvenes cuando salen de la iniciación.

(1)

(3)

(2)

Figura para el techo de la casa de un jefe. Cat. 11

Estas esculturas, *kishikishi*, muchas veces zoomorfas, anuncian la presencia de poderes secretos en la residencia del jefe al mismo tiempo que alejan a cualquier persona con intenciones malévolas. La representación que aquí vemos —la mujer con un niño— es innovación del escultor congolés Kaseya Makumbi, de mediados del siglo XX.

Figura femenina sentada
amamantando. Cat. 9

De niños a adultos

Ritos de iniciación

No se obtiene la miel sin embadurnarse los dedos.
Proverbio Malinke, Mali

El paso de la infancia a la edad adulta está marcado por una serie de ritos conocidos como iniciación, institución muy extendida en el África subsahariana, y comparable a la educación escolar de nuestras culturas. La iniciación es una marca cultural, física e intelectual, mediante la cual el individuo entra a formar parte de la sociedad. El periodo de reclusión —que varía según los pueblos— constituye una etapa de transición, liminal, una especie de *muerte social* de la persona. De hecho, los jóvenes que serán iniciados ya no son considerados niños puesto que ya ingresaron al periodo de iniciación, pero tampoco son hombres porque no han terminado tal proceso. Es una fase de gestación en el sentido más preciso del término: permite *moldear* al nuevo individuo. Bajo la supervisión de los ancianos, los jóvenes aprenden todo lo que deben saber, como técnicas y secretos de caza y agricultura, la estructura e historia de su grupo, las normas del parentesco, los mitos, la ejecución de ritos y danzas. Además de las máscaras, que juegan un papel fundamental por su alto grado de teatralidad, se emplea todo tipo de medios para marcar este cambio, en una simbología de muerte y nueva vida. Entre las pruebas físicas más comunes está la circuncisión de los niños y, sólo en algunos casos, la clitoridectomía de las niñas, operaciones que finalmente dejan una marca cultural sobre el cuerpo. Los niños no iniciados, no son miembros de la sociedad, sino seres "silvestres", que conservan las características andróginas propias del dios creador, quien cuenta con ambos sexos, y es por eso completo y perfecto en sí mismo; de él surge la pareja primordial, los gemelos diferenciados sexualmente. Los hombres y mujeres son sus descendientes y se necesitan ambos para la reproducción. Las marcas físicas quedan como signos de diferenciación sexual adquirida durante el paso de la infancia a la vida adulta.

En algunos grupos se practican todavía, durante la iniciación, las escarificaciones, pequeñas cicatrices abultadas o hundidas que, junto con su función estética, indican pertenencia a cierto grupo étnico o social. Una vez concluida esta educación, los iniciados *vuelven a nacer* como adultos, con todos sus derechos y obligaciones; las experiencias compartidas durante la iniciación dan, al grupo de iniciados en una misma época, un profundo sentimiento de identidad y solidaridad que durará el resto de sus vidas.

(1)

Los Makonde del río Rovuna, muy conocidos en occidente, elaboran máscaras-yelmos cuyo realismo enfatizan
con el uso de pelo humano. Este tipo de máscaras-yelmos, *mapiko* (en plural), aparecen en las danzas de tres
días al terminar la iniciación. Las máscaras, muy respetadas por las mujeres y los niños, representan espíritus de
los antepasados que regresan del más allá en honor de los
recién iniciados, quienes descubren el secreto de las máscaras y la verdadera identidad de sus portadores luego
de luchar y desenmascararlos. El danzante ve por la abertura en la boca; está completamente cubierto por un traje de tela y semillas que hacen las veces de cascabeles.

Algunos elementos (1) aluden a las pruebas impuestas durante la iniciación, como los dientes afilados y las
escarificaciones para ambos sexos. Con estas prácticas se
realza la belleza de la persona y también prueban su fuerza y resistencia al dolor; son las marcas físicas de la transición entre la infancia y la madurez. Para los Makonde el
proceso de escarificación se hace mediante pequeñas perforaciones que trazan motivos, luego se frotan las heridas con carbón pulverizado; después de repetir este procedimiento varias veces, las líneas se vuelven permanentes
y visibles como un tatuaje en relieve.

En las máscaras más antiguas, como la que se ilustra,
estas líneas se marcan con cera.

La otra máscara (2) representa a una anciana con labiete; es una talla muy particular exclusiva de los Makonde, ya que en África generalmente las representaciones
son "sin edad", es decir una edad ideal, madura, pero joven. La inserción del labiete se hace en la niñez, con una
sencilla perforación en el labio donde se introduce un palillo o un objeto muy delgado para impedir que se cierre;
poco a poco se insertan objetos más grandes para ensanchar la perforación hasta poder utilizar el labiete de ébano o de madera blanca.

(2)

(1)

(2)

(1) Máscara-yelmo con cuernos.
Cat. 27

(2) Yelmo-tocado con cuernos
y cresta dentada. Cat. 26

(1)

(2)

(1) Máscara antropomorfa con tocado (*pwoom itok*). Cat. 31

(2) Tocado zoomorfo. Cat. 25

Los Yaka y los Suku viven en las sabanas del río Congo, comparten organización social y tradiciones culturales con sus vecinos Teke y Holo, sólo se diferencian de éstos por su estilo en la talla de máscaras y esculturas. Las máscaras que aquí se presentan —ndemba o ndeemba entre los Yaka (1) y mbala o hemba entre los Suku (2)— intervienen al final de los rituales de iniciación, n-khanda. Dos máscaras de gran tamaño, kakuungu, separan a los niños de sus madres, se entonan canciones que insultan y ridiculizan a las mujeres, y otras de tipo funerario que enfatizan la posibilidad real de una muerte física a raíz de las heridas de la circuncisión, la separación de la familia y la muerte social del niño.

Al llegar al campamento n-khanda, se practica la circuncisión y los niños quedan solos, desnudos, sin poder bañarse, obligados a sentarse y a dormir en el suelo[1] y forzados a consumir una comida pobre que se mezcla con tierra a propósito. Las condiciones mejoran paulatinamente, y los niños aprenden el lenguaje de los iniciados así como las actividades laborales —especialmente la caza, actividad exclusiva de hombres—, durante un lapso de uno a tres años.

Los rituales de salida donde aparece la máscara ndeemba se dividen en tres fases: primero, la máscara mweelu (hecha de plumas y fibras) conduce a los iniciados fuera del n-khanda y se da así el primer encuentro de los niños con sus madres; luego, los iniciados danzan junto con oficiales n-khanda en público por la aldea y toda la región portando la máscara que funge como escudo protector para la nueva y vulnerable personalidad de los iniciados; muchas de ellas han sido santificadas para tal fin con sacrificios y amuletos. Al celebrar los rituales de clausura se levantan las prohibiciones alimentarias y se quema el campamento de iniciación.

La máscara ndeemba se sostiene frente a la cara de portador con una manopla de madera bajo el rostro tallado; en cambio, la estructura superior del tocado es —en una gama de variantes— una armadura trenzada cubierta con rafia tejida y endurecida con resina que se pinta después; lleva siempre un collar de fibras que la enmarca. La ndeemba pertenece a una categoría inferior de máscaras con la que los recién iniciados bailan en pareja; es notable el contraste entre la desnudez de la primera fase y el atavío completo durante la presentación en sociedad de los iniciados.

La máscara acusa particulares características, sobre todo frente a las de rango elevado, consideradas completamente masculinas; los rasgos de las ndeemba enfatizan la complementariedad de los elementos femeninos y masculinos. La nariz en forma de gancho, los ojos abultados, las orejas salidas[2] y las puntas del tocado son aspectos masculinos, mientras el collar de fibras, los discos del tocado y todas las formas redondas, son elementos femeninos. Los colores dominantes son el rojo —sangre menstrual y sangre vertida en la guerra o como resultado de venganza— y el blanco —leche materna y semen—; el azul o el negro sugieren la muerte ritual del iniciado.

Las rayas que bajan de los ojos (poco visibles en estas piezas) representan el duelo de la iniciación y los animales en el tocado, las prohibiciones alimenticias; la máscara hemba (2), por ejemplo, tiene al pequeño antílope tsetsi, conocido por su rapidez y agilidad, así como por su reputación de burlón y mofador durante la caza.

En una sociedad dividida entre hombres y mujeres, la androginia de la ndeemba cumple la función de mediar la reintegración social del recién iniciado y reforzar la idea de cooperación y mutua necesidad.

Luego de las danzas, las máscaras ndeemba se depositan en la cabaña del n-khanda, donde se queman junto con los demás objetos de cada iniciación específica. Cada iniciado recibe un nuevo nombre que conservará toda su vida, diferente de su nombre infantil y del que tenía durante la iniciación.

[1] Práctica particularmente denigrante en África, donde nadie se sienta desnudo en el suelo.

[2] Esta característica no es apreciable en la fotografía, ya que la cubre un collar de fibra.

(1) Máscara-yelmo de iniciación *ndeemba*. Cat. 17

(2) Máscara-yelmo de iniciación *hemba*, con un pequeño antílope como tocado. Cat. 28

(1)

(2)

(1)

En las regiones costeras desde Guinea hasta Costa de Marfil, la asociación *Sande* —común en muchos grupos como los Mende, Vai, Gola, Loma, Kpelle— brinda a las mujeres protección jurídica, además de una amplia organización con fines políticos, sociales, educativos y artísticos que se contrapone a la influencia de la sociedad secreta masculina *Poro*. En algunos grupos, el poder político y ritual se alternaba entre las dos sociedades por periodos de varios años. Hasta hace poco la sociedad *Sande* apoyaba la carrera política de sus miembros en el gobierno postcolonial.

Las máscaras *Sande* (1) son un caso único en África porque sólo las portan mujeres, aun cuando sean talladas por hombres. Para no ser reconocida, la danzante se cubre totalmente con fibras vegetales negras. Las máscaras *sowei* o *sowo wui* representan el ideal de la mujer con belleza interna y externa; peinados elaborados, piel reluciente, rasgos finos, frente muy alta, actitud serena y controlada, ojos entrecerrados. Los anillos del cuello —visibles en ambas máscaras— representan el cuello rollizo, indicador de bienestar y muy atractivo, así como las marcas circulares que trazan los espíritus cuando emergen del agua para tomar forma terrenal, como las máscaras. Esta relación con el mundo de los espíritus del agua queda manifiesto en el color negro del rostro y de las fibras que cubren siempre a la danzante; en lengua mende la misma palabra significa negro y mojado.

Las funcionarias más ancianas y de alto grado portan las *sowei*, que representan a los espíritus protectores de la sociedad, acompañan a las niñas, supervisan su educación, reciben regalos de sus familiares o tutores, y celebran el fin de la iniciación con danzas. La sociedad *Sande* es responsable de la educación sexual de las adolescentes, los quehaceres domésticos, la salud, la maternidad, además de las prácticas rituales.

La máscara-yelmo *gbetu* (2), en cambio, con su elegante tocado en forma de cabeza femenina, pertenece a una de las múltiples sociedades masculinas de la región con fines de entretenimiento. El traje de rafia es muy espeso y tiene tres capas: una en la base del tocado, otra en el cuello y la tercera en la cintura; cubre completamente al danzante que hace acrobacias con saltos y caídas rápidos y bruscos. La *gbetu* representa al espíritu acuático femenino capaz de "dar a luz" pequeñas figuras recubiertas de rafia que salen bajo el traje, danzan un poco y se regresan; una escena parecida a la de la gallina con sus pollitos.

(2)

Adivinos y curanderos

Viajeros entre dos mundo

Ser hombre -o mujer- es tener muchos secretos.
PROVERBIO BAMANA, MALI

La cosmovisión de la mayoría de los pueblos africanos concibe la realidad como un ámbito propio de lo físico y tangible inmerso en una esfera inmaterial y espiritual; no hay una barrera sólida entre los dos sino una frontera porosa. El hombre puede manipular las fuerzas espirituales, así como los seres inmateriales influyen en la cotidianidad humana.

Esta condición de la existencia sólo se percibe con habilidades sensoriales, propias de especialistas, como los adivinos y curanderos, quienes forman grupos organizados por sus oficios o su papel social o ritual. Se les atribuyen poderes mágicos puesto que pueden "viajar" entre los dos mundos, por lo que no pertenecen completamente ni a uno ni a otro. Tienen sus propios ritos de iniciación y funerales, y los conocimientos y técnicas específicas de cada oficio se transmiten de generación en generación.

La importancia de los especialistas reside en su capacidad de interpretar los signos y mensajes del ámbito espiritual, sobre todo en caso de enfermedades y calamidades que afecten a toda la comunidad, que se cree son provocadas por transgresiones de tipo moral y ético.

El especialista, para preparar medicinas, domina, encierra y dirige el poder y la fuerza vital de los materiales selváticos. Hojas, cortezas, aceites, tierras, pieles, sangre, garras y dientes animales son sustancias naturales que transmutan y convierten a las esculturas en "medicinas" capaces de controlar el destino individual o de ayudar a la comunidad a alcanzar un equilibrio material y espiritual. La eficacia de las esculturas llamadas "figuras de poder" en África central, o la de ciertas máscaras y trajes en África occidental, estriba en el tipo de sustancias que contienen y que las activan. Estas esculturas se usan durante las curaciones y las purificaciones para prevenir enfermedades o daños materiales, evitar ataques de brujería, propiciar buenas cosechas, fertilidad y el bienestar general de la comunidad, o sencillamente como amuletos de protección personal.

(1)

(1) Charola de adivinación (*opon ifa*). Cat. 49

(2) Recipiente de adivinación para las nueces de palma (*agere ifa*). Cat. 37

El *agere ifa* (2) debe contener las dieciséis nueces de palma que requiere el *babalawo* en las sesiones de adivinación *Ifa*. Sobre una tabla ricamente decorada (1), el adivino extiende una especie de aserrín muy fino y golpea con un instrumento especial para llamar a los dioses que participan en la adivinación, Orunmila, el dios del destino, y Eshu, el mensajero divino, con el fin de conocer e interpretar la suerte de cada individuo. El *babalawo* agita las nueces en sus manos y mientras las sostiene con la mano izquierda, trata de tomarlas con la derecha; si en su mano izquierda queda una nuez, marca dos líneas verticales en el aserrín de la charola, si quedan dos nueces traza una sola línea. Repite la operación ocho veces para obtener una respuesta entre las 256 posibilidades del oráculo. Como todo buen oráculo, el verso indicado por *Ifa* y recitado por el adivino, sugiere varias soluciones al problema planteado por el cliente.

Las tallas particularmente elaboradas de los instrumentos de adivinación en la mayoría de las culturas africanas, tienen el doble propósito de propiciar una intervención favorable de los espíritus en la consulta y al mismo tiempo agradecer sus servicios con el uso de objetos agradables.

(2)

Hasta hace poco, las esculturas de los Baule, muy apreciadas por los coleccionistas de arte africano por la fineza de su talla, se consideraban erróneamente como figuras de antepasados. Un tipo de estas esculturas constituye a los "esposos" del otro mundo, el universo invisible, paralelo al mundo real. Antes de nacer, cada hombre y mujer tiene a un esposo o esposa — *blolo bian* o *blolo bla* respectivamente— que se queda en el mundo de los espíritus. Pueden sentirse descuidados por su contraparte terrenal y entonces se manifiestan causando mala suerte, infidelidades o infertilidad. El adivino diagnostica las causas del mal y, por lo general, él o el escultor sueñan al *blolo* en cuestión que les dicta cómo debe tallarse la figura en madera. El esposo terrenal instalará un altar específico para su *blolo bla* o *bian* y dedicará una noche a la semana para dormir y soñar con él o ella.

Las influencias religiosas occidentales no han podido borrar esta tradición muy enraizada de los Baule; actualmente las esculturas de los "esposos" muestran ciertos cambios: las *blolo bla* usan faldas y aretes estilo occidental, mientras que los *blolo bian* están vestidos con pantalones, saco y sombrero. Son de talla muy cuidada hasta en los menores detalles, como el cabello, las escarificaciones, los dedos de las manos y los pies.

Estas esculturas generalmente se retratan de pie o sentadas, sin embargo, los *blolo* son como las personas, cada quien con un carácter diferente, así que nuestro espíritu "esposo" dictó en sueños que quería materializarse como jinete .

El caballo no es originario de África; entró por Egipto hacia la región occidental del continente, particularmente durante la expansión del imperio de Malí (siglos XII-XVI). Sin embargo, la crianza de caballos es todavía problemática en el África tropical a causa del clima, las zonas de selvas tropicales húmedas y las picaduras de la mosca tsetsé. Es muy raro encontrar caballos y éstos son caros, así que una persona montada a caballo adquiere en África un aura particular de importancia y poder.

(1)

(2)

(1) Jinete sobre un caballo muy estilizado (*madebele*). Cat. 58

(2) Figura femenina portando un
recipiente (*mboko*). Cat. 55

(3) Figuras masculinas y femenina.
Cats. 45 y 46

(3)

Figura relicario antropozoomorfo dedicado a la mano (*ivwri*). Cat. 44

Camisa de cazador (*donso duloki*).
Cat. 48

Conocidos como *itombwa*, estos instrumentos se consideran infalibles a la hora de detectar la causa de una enfermedad o descubrir al culpable de algún delito.

El cuerpo del *itombwa* tiene siempre una superficie plana y lisa donde se coloca un pequeño tapón de madera que el adivino frota sobre la superficie de un lado al otro. Cuando empieza la consulta, el adivino humedece el tapón con agua o aceite y lo frota recitando una serie de enfermedades y tratamientos; en cierto punto, a causa del calor producido por el movimiento, el tapón se pega al cuerpo del instrumento, y la enfermedad que se nombra en ese momento resulta ser la correcta.

En caso de un delito, se procede de la misma manera; el adivino recita los nombres de los habitantes de la comunidad hasta que el *itombwa* responde con el tapón inmovilizado adherido al cuerpo. El cliente enfrentará al sospechoso que, si se declara inocente, tendrá que pasar una prueba. El acusador y el acusado irán a un árbol, cortarán un pedazo cuadrado de corteza sin separarla del tronco; después golpearán el árbol hasta que el pedazo se desprenda, si cae con la parte de la corteza hacia abajo, el sospechoso es inocente, si cae con la corteza hacia arriba confirma el veredicto del *itombwa*.

El poder de este tipo de adivinación se relaciona con los *ngesh*, espíritus de la naturaleza que habitan la selva y los ríos, y que se consideran parte activa en la vida humana. Mientras muchos *itombwa* de los Lele y pueblos vecinos son antropomorfos (1), la mayoría de los instrumentos de adivinación Kuba son zoomorfos (2) y representan animales que comparten el hábitat de los *ngesh* como el cocodrilo, el cerdo salvaje, el jabalí, el puercoespín, la tortuga, la iguana y el perro, considerados por lo tanto los mensajeros ideales de los espíritus.

(1)

(2)

(1)

(1) Figura con las manos en la cintura (*nkisi nkonde*). Cat. 62

(2) Figura de poder antropomorfa (*nkisi*). Cat. 75

El término *nkisi* (*minkisi*, en plural) no tiene traducción apropiada; la palabra portuguesa 'fetiche', como se denominaba antes a este tipo de objetos, no abarca su significado múltiple. El *nkisi* es contenedor material de una fuerza o un espíritu del más allá; cuando a éste lo activa un especialista —*nganga* en el conjunto de lenguas bantú— puede curar, proteger o castigar. Los *minkisi* pueden ser de madera, como en estos casos, y portar cajas de resina sobre el vientre selladas con un espejo, donde se colocan las sustancias medicinales apropiadas, o bien, ser recipientes comunes como canastos, tazones, cuernos o conchas.

Los *nkisi* de gran tamaño, como éste —*nkonde*— [1], estaban al servicio de la comunidad, bajo la supervisión del especialista; se usaban para descubrir, perseguir y castigar a los delincuentes, y también para proteger a la aldea de calamidades naturales o contrarrestar ataques de brujería. Fungían además como jueces y árbitros en casos de conflictos y recibían las promesas o los juramentos de personas involucradas en alguna disputa; en estos casos, las dos partes juraban frente al *nkisi nkonde* y en ese momento se insertaba en la escultura un clavo o un pedazo de metal como testimonio del pacto. En caso de perjurio, la furia del *nkisi nkonde* perseguía a la persona que faltó a su promesa, y a veces a toda su familia.

Después de tomar forma en manos del escultor, estas piezas pasan al *nganga*, quien las modifica sustancialmente con materiales medicinales de su conocimiento y especialidad, que se colocan en dos centros vitales por excelencia: la cabeza —órgano privilegiado para la comunicación con los espíritus, que entran en contacto con el *nganga* a través de su fontanela o mollera— y el vientre —en lengua KiKongo *mooyo*, sinónimo de vida y alma—. El espejo era un medio para interpretar los signos del más allá, mientras que los brazos sobre la cadera de la escultura indican una posición de alerta y agresividad.

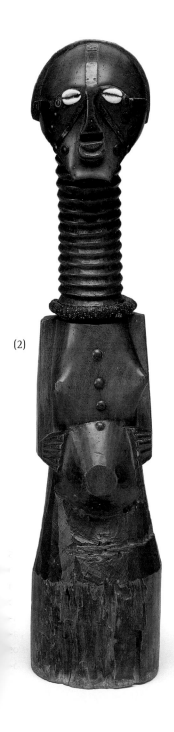

(2)

(3)   (4)

(3) Figura de poder envuelta, con carga medicinal (*nkira ntswo*). Cat. 76

(4) Figura de poder desactivada, con una cavidad a la altura del vientre (*butti* o *nkira ntswo*). Cat. 67

En la cuenca del Congo, encontramos figuras talladas de madera, muchas veces asexuadas y con una gran variedad de elementos sobrepuestos, que se usan con fines mágicos, de protección y curativos. Las estatuillas de los Teke se reconocen por las escarificaciones lineales de la cara. Algunas se mandan esculpir en ocasión de un nacimiento y en la cavidad del vientre se deposita parte de la placenta para que la figura pueda proteger al niño hasta la pubertad.

En otros casos, el especialista *nganga* prepara y activa cargas medicinales en el vientre; los poderes de las tallas derivan de espíritus, las estatuas *butti*, o de los antepasados, las esculturas *nkira*.

Al estar en uso, de las esculturas cuelgan objetos como cuernos, plumas, cuentas o pedazos de metal y en la cavidad del pecho se colocan sustancias medicinales; todo el torso de la figura se cubre con una plasta de arcilla y resina, para sellar su poder. Sólo quedan al descubierto la cabeza y las piernas, como podemos apreciar en la figura del centro.

(1) Figura masculina sedente con carga medicinal en el vientre y la cabeza (*nkisi*). Cat. 73

(2) Figura masculina de pie. Cat. 64

(3) Figura femenina de pie con las manos sobre el vientre Cat. 65

(4) Figura masculina doble. Cat. 70

(5) Figura femenina parada, con agujeros bajo los brazos, posiblemente utilizada como amuleto. Cat. 68

(6) Figura antropomorfa de poder con cabeza cónica (*luumbu m-mbwoolu*). Cat. 78

(1)

(2)

(3)

(4)

(5)

(6)

Ceremonias agrícolas

Entre el orden y el cac

Pon atención al viento: el suspiro en la maleza es el vaho de los antepasados.

BIRAGO DIOP, GAMBIA

La mayoría de los pueblos agricultores africanos tiene una visión del mundo que es necesario entender para apreciar correctamente sus máscaras; particularmente la concepción de la naturaleza como ámbito contrapuesto a la cultura y la sociedad. La naturaleza no refiere forzosamente a lo sencillamente "natural", sino a todo lo que no está bajo el dominio y control del ser humano; los campos cultivados y los animales domésticos, por lo tanto, caen en la esfera de la cultura, ordenada y reglamentada, y no en el ámbito de lo natural. La naturaleza es considerada como fuerza impredecible, arbitraria y caótica; moralmente neutral, potencialmente peligrosa, pero fuente de vida y regeneración.

En esta dicotomía, selva y aldea son dos espacios separados y contrapuestos, pero al mismo tiempo complementarios y necesarios para la sobrevivencia del hombre: uno caótico e indómito, el otro ordenado por estrictas normas sociales y culturales sin las cuales sería inaccesible la fuerza vital que brinda la naturaleza. Aun cuando la tierra es en sí misma fértil, sin la preparación del terreno, la siembra en el momento adecuado y los cuidados constantes, ésta no produciría las cosechas necesarias.

Las máscaras de animales o de seres zoomorfos fantásticos son las que mejor representan este concepto de naturaleza y aparecen en las grandes fiestas agrícolas que se celebraban con el fin de renovar la fertilidad de la tierra, o en ceremonias para propiciar la caza y la pesca. Estos festivales anuales resaltan el sentido de renovación en cada ciclo. Se celebran en honor a la naturaleza, pero también al papel del hombre para aumentar y mejorar la fertilidad de la tierra y al poder protector de los antepasados sobre la continuidad de su pueblo.

Esta noción de naturaleza nos explica la razón por la cual las iniciaciones se realizan lejos de la aldea, en la selva o matorrales, puesto que sólo en el ámbito natural, fuerza vital y creadora sin la cual nada existiría, se pueden gestar los nuevos individuos. También las máscaras participan en los rituales funerarios acompañando al cuerpo del difunto fuera de la aldea, a la que ya no pertenece, y llevándolo de regreso al ámbito regenerador de la naturaleza, donde podrá sufrir la transformación en antepasado, para continuar el ciclo eterno de la existencia.

Máscara con tocado rectangular
(*nwantantay*). Cat. 79

Máscara-yelmo que representa un halcón con traje completo de fibras (*wan-silga*). Cat. 80

(2)

Los Bamana son un grupo muy numeroso de lengua mande que habita en la sabana del occidente y sur de Mali; se dividen en aldeas bajo la autoridad de una familia principal, generalmente la fundadora del lugar con particulares derechos sobre la tierra, cuyo jefe tiene mucho prestigio, poderes considerables y juega un papel importante sobre todo en los rituales agrícolas.

La sociedad Bamana, sobre todo en la parte oriental, conserva una estructura de seis asociaciones de iniciación, *dyów*, más o menos ritualizadas, cada una con el fin de formar y educar a sus iniciados. Las seis *dyów*, escalonadas jerárquicamente, ofrecen al hombre una experiencia liberadora y revitalizadora gracias al conocimiento filosófico de sí mismo y su destino, sobre el mundo y la sociedad, que se adquiere a lo largo de la vida.

La sociedad *chi wara* —que usa los tocados de las fotos—, se dedica primordialmente al cultivo de mijo, sorgo, frijol, fonio (*Digitaria exilis*) y cacahuate y está abierto a todos, hombres y mujeres, desde la siembra hasta la cosecha.

Los tocados chi wara son esculturas muy conocidas en el arte africano y presentan gran variedad de formas y composiciones. Representan al ser mitológico que introdujo la agricultura entre los hombres; *chi* significa 'trabajar' o 'cultivar', mientras que *wara* quiere decir 'animal salvaje', que con sus garras enseñó al hombre a cultivar.

En esta pieza (1) se estilizó a un antílope hembra de cuernos rectos (*Oryx dammah*), mientras que el macho generalmente se representa con los cuernos curvos, gruesos y anillados del antílope hipotrago (*Hippotragus equinus*); en ambos casos los cuernos se relacionan con la parte aérea de la planta, el tallo que se eleva sobre la tierra.

El *chi wara* horizontal (2) que aquí se presenta es un ejemplar muy particular, posiblemente del oriente del país Bamana. Las piezas similares más conocidas conjugan elementos de varios animales; en la parte inferior está el cerdo hormiguero (*Orycteropus afer*), animal de hocico largo y gruesas garras que cava en la tierra para buscar alimento, se le relaciona con el desarrollo de las raíces de la planta. En este tipo de tocados, la cabeza del hipotrago siempre se coloca horizontalmente. En nuestra pieza, sin embargo, el cuerpo del cerdo hormiguero desaparece para dar lugar a una composición muy elegante de tres cuernos; quizá este particular tocado se relaciona con más énfasis al aire, uno de los elementos indispensables para el crecimiento de las plantas, como si quisiera atrapar al viento entre sus cuernos.

Los antílopes machos generalmente se asocian con el sol, mientras que las hembras —representadas siempre con su cría en la espalda—, con la tierra. Los tocados se amarran a los canastos que van sobre las cabezas de los danzantes. En las danzas, la vestimenta de largas fibras vegetales —que cubre a los portadores y ondula al ritmo de los brincos del antílope representado— simboliza el agua. Siempre aparecen en pareja, pues es necesaria la cooperación de hombres y mujeres para la continuidad de la vida, tal como la unión del sol, la tierra, el aire y el agua es indispensable para una buena cosecha.

(1)

(1)

(1) Máscara de carnero (*karikpo*).
Cat. 89

(2) Máscara de antílope (*karikpo*).
Cat. 84

Los Ogoni, que viven en el pantanoso delta del Níger, comparten muchas instituciones sociales y culturales con los pueblos vecinos Ibibio e Igbo. Las máscaras pertenecen a diferentes agrupaciones, organizadas jerárquicamente por las edades de sus miembros —con diferentes actividades en la comunidad— que participan en los festivales y en los funerales.

Las máscaras zoomorfas de los Ogoni se conocen generalmente como *karikpo* y representan diferentes tipos de antílopes, búfalos y carneros. Aparecen en danzas acrobáticas al principio de la temporada agrícola, donde imitan los brincos y carreras de los animales representados, en honor a los antepasados fundadores de la comunidad, para propiciar la fecundidad de la tierra.

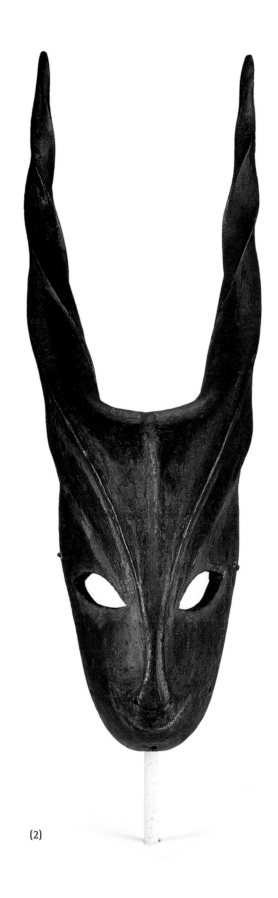

(2)

Máscara que representa el espíritu de un elefante (*ogbodo enyi*). *Vista posterior.* Cat. 4

Máscara-tocado para los hombros
(*d'mba* o *nimba*)
Cat. 95

Realmente deberían llamarse máscaras de hombros: el
portador queda bajo la cabeza del tocado, y sus cuatro
soportes descansan sobre sus hombros, pecho y espalda.
El danzante ve a través del hueco al centro del pecho;
tela y una espesa capa de fibras lo cubren hasta los pies.
Los movimientos son lentos ya que la máscara pesa hasta sesenta kilos; por su dimensión —en este caso, más de
un metro sobre la estatura del portador— la aparición de
esta máscara entre la multitud la hace parecer un gigan-
te o una enorme gallina sobre sus pollitos, imagen recu-
rrente de fertilidad en Guinea. Se asocia a la fertilidad de
la mujer y la tierra y sus danzas abren las temporadas de
lluvia y de la cosecha del arroz.

Ocultos bajo la máscara:

Las reglas del secre

No todos los hombres leen signos y símbolos.
ABENA P. A. BUSIA, GHANA

En muchos grupos africanos la tajante división de la sociedad, basada en el parentesco, se matiza por instituciones que agrupan a hombres y mujeres de todos los linajes y grupos sociales. Estas instituciones crean fuertes lazos de identidad, pertenencia y solidaridad gracias a sus sistemas exclusivos de membresía a través de iniciaciones arduas y complicadas. Se conocen como "sociedades secretas" o más precisamente, instituciones, grupos de culto o asociaciones que se dedican a tareas en favor de la comunidad. Las sociedades de iniciación se agrupan por género y todos los ya iniciados participan en ellas, la exclusión en sus rituales es para los no iniciados y los miembros de género diferente. Su función es claramente educativa y tienen una organización jerárquica, de tal manera que para los recién iniciados los rituales y conocimiento de los últimos grados son un misterio.

Las asociaciones invocan a espíritus o entidades inmateriales durante sus rituales; los miembros de las asociaciones que portan máscaras y tocados, al ser cubiertos con un traje de hojas, tela u otro material, pierden su personalidad para identificarse con un espíritu. Para las sociedades punitivas el anonimato es muy importante pues se ocupan de aplicar sanciones y vigilar la observancia de las normas.

Además hay sociedades de entretenimiento y otras de carácter político que apoyan a reyes y jefes en su gobierno. Las asociaciones jocosas, sobre todo juveniles, aparecen durante fiestas. Montan representaciones teatralizadas con música y cantos en las que se identifican situaciones cotidianas, que pueden exaltarse o ridiculizarse. Aquí también las máscaras marcan el espacio ritual, sus portadores se mantienen en secreto y no pueden ser sancionados por aquellos que pudieran sentirse atacados durante el ritual.

(1)

(2)

Algunos tipos de máscaras horizontales (2), *wabele*, con uno o dos hocicos de dientes puntiagudos, a veces cuernos y colmillos, con algún tipo de contenedor en la parte superior de la cabeza (en este caso varios pequeños cuernos de antílope) con sustancias activadas, son de los más peligrosos y poderosos y pueden "matar" al instante por sus cargas mágicas. Su poder reside en su capacidad para controlar y dominar los elementos naturales y espirituales.

En muchas zonas de África occidental encontramos máscaras y tocados que reúnen en una misma talla elementos de diferentes animales, nunca coexistentes en la realidad: colmillos, cuernos, fauces abiertas, grandes dientes. La ambigüedad visual de estos tocados, que se combinan según los grupos étnicos y el estilo personal del escultor, dan una idea inmediata de poder. En ninguna otra escultura africana encontramos tan claramente la expresión de un concepto. Estas tallas impresionantes no pretenden la representación de ningún animal en específico; son más materialización de la idea de una naturaleza en estado puro, es decir, salvaje e indómita, y a la vez fuente única de fuerza vital y generadora de fertilidad.

Por esta razón, las máscaras aparecen de pronto en los funerales para tomar lo que les pertenece: las almas de los difuntos que deben abandonar el espacio de los hombres y reincorporarse al flujo vital de la naturaleza.

Como la máscara anterior este tocado de la sociedad *Komo* (1) está compuesto por múltiples elementos de diferentes materiales y técnicas secretas de ensamblaje y construcción que produce cantidades enormes de energía positiva, *nyama*. Su fin es incidir en las emociones humanas y representan lo que pasó, puede pasar y pasará.

Los cuernos de antílope se relacionan con la agresividad, la resistencia y generalmente contienen sustancias mágicas y protectoras; el hocico alargado y abierto indica la poder ambiguo de la palabra y de la sociedad, positivo y negativo a la vez; en algunos tocados hay plumas de buitres, asociados con la posesión de clarividencia y conocimientos esotéricos, quizá por su sorprendente capacidad para detectar cadáveres desde distancias y alturas enormes; las púas de puercoespín, sugieren flechas, dardos y otros proyectiles e indican la capacidad de violencia y agresión de la máscara. Todo el tocado está además cubierto con resina, lodo y material de sacrificio, de forma que parece haber salido directamente de la tierra.

Máscara que representa un elefante
con tocado en forma de leopardo.
Cat. 110

Máscara femenina *kifwebe*. Cat. 113

Las dos principales funciones de la sociedad secreta *kifwebe*, del pueblo Songye —que habita en la región del río Lomani, afluente del Congo—, eran de control cuando surgía algún problema, y la redistribución económica con los "regalos obligados" que la máscara pedía: alimento, dinero o *madiba* (telas de rafia que servían como medida de intercambio). Cuando las máscaras *kifwebe* son masculinas llevan una cresta, los ojos protuberantes, la boca rectangular saliente y las estrías del rostro teñidas en blanco, rojo y negro. Las femeninas, como la pieza que aquí vemos, tienen facciones redondeadas, una línea negra que va de la nariz a la parte superior de la cabeza, ojos almendrados, estrías más cerradas y finas y la coloración más clara o blanca.

La interpretación de los demás elementos es controvertida y se revela exclusivamente a los iniciados; los ojos son considerados hoyos de termitas y el mentón representaría las fauces de un cocodrilo. Las estrías se inspiran en el antílope; los surcos recuerdan los laberintos iniciáticos o cuevas de donde salieron los primeros hombres. Otros elementos se relacionan con astros y fenómenos naturales; la parte derecha con el sol, atributo masculino y el izquierdo con la luna, femenina.

Figura con los brazos levantados,
de la sociedad *Bwami* (*kasungalala*).
Cat. 108

La organización política y social Lega se basa en la autoridad de los hombres de cada aldea que hayan alcanzado
los grados más altos de la sociedad secreta *Bwami*. Esta
asociación enmarca varios tipos de solidaridad y cooperación grupal que trascienden las relaciones de parentesco, rompiendo la verticalidad y rigidez de los clanes pa-
trilineales; sus objetivos principales son alcanzar la
sabiduría y superación moral a través de enseñanzas, cantos y proverbios, asociados con esculturas y máscaras. El
grado más alto de esta asociación, abierta a hombres y
mujeres, es el *kindi*, que sólo se alcanza en la vejez y gracias al apoyo de todas las relaciones familiares y sociales
de una persona, ya que implica gastos muy elevados.

Cada escultura se asocia con varios proverbios que
varían según la ocasión; las tallas con dos o más caras, conocidas como *Sakimatwematwe*, es decir, "el señor Mu-
chas-cabezas", o *Sameisomabili*, "el señor Cara-de-mu-
chos-ojos", simbolizan la capacidad de los iniciados al
kindi de ver cosas que otros no pueden. Este poder de clarividencia se debe a los conocimientos acumulados en las
múltiples iniciaciones por las que han pasado. En otras
circunstancias, la interpretación sería la continuidad; un
miembro de la sociedad *Bwami* muere, pero otro se ini-
cia, o un padre muere, pero su hijo le sucede.

Esta escultura, con ambas manos levantadas, puede
representar a *Kasungalala*, literalmente el "juez, árbitro y
propiciador de paz", lo que indica el poder de la sabiduría humana de los miembros del *kindi* para equilibrar las
disputas y restablecer el orden social. La falta de definición clara de sexo también hace referencia a los miembros
kindi más ancianos, ya borradas y superadas las diferen-
ciaciones sexuales características de la edad adulta y re-
productiva.

Máscara-yelmo antropomorfa
con dos mujeres cargando canastos
articulados en la cabeza (*gelede*).
Cat. 98

Elemento corporal de una máscara
gelede que posiblemente
se colocaba en la espalda.
Cat. 126

Máscara antropomorfa de la
sociedad *Bwami* (*lukwakongo*)
Cat. 114

Máscara-casco antropomorfa
de la sociedad *Ngili* . Cat. 103

Máscara-casco antropomorfa
de la sociedad *Ngili*. Cat. 102

Máscara facial con mandíbula
articulada de la sociedad *Ekpo*.
Cat. 112

Máscara-tocado masculina con
tocado de cuentas. Cat. 109

Máscara-yelmo antropomorfa con cuernos de carnero hacia atrás del yelmo (*cikwanga*). Cat. 99

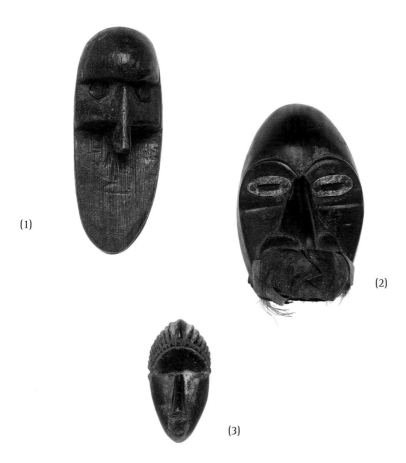

(1)

(2)

(3)

Máscaras en miniatura *ma go*
(1) Cat. 129
(2) Cat. 128
(3) Cat. 106

Se conocen como "máscaras pasaporte" ya que en varios grupos de la región se utilizan como insignias de membresía o de alto rango en las asociaciones que regulan la vida social y espiritual de las comunidades; si un miembro se encuentra en un lugar en donde no lo conocen, puede utilizar su máscara como muestra de su procedencia y de sus buenas intenciones.

Como las máscaras más grandes, las miniatura —*ma go* entre los Dan, que significa 'cabecita'— se tallan como receptáculos de los espíritus tutelares *dü,* fuerzas vitales inmateriales que se manifiestan en sueños a los propietarios.

Cuando la máscara en miniatura es la copia en escala de una máscara facial, ésta debe consagrarse al espíritu de la máscara original para convertirse en su extensión y ofrecer su protección a otros miembros de la familia. A las *ma go* se les alimenta con ofrendas y se les cuida, son importante amuleto personal y muchas están cubiertas por material de sacrificios.

La mascarita Bassa (2), de las más chicas, quizá colgaba del cuello de un niño en una bolsa para prevenir alguna enfermedad, según la prescripción de un especialista o doctor.

Las máscaras en miniatura también ofrecen protección colectiva contra actos maléficos en las reuniones de la sociedad secreta o en el campo de iniciación, donde se colocan en canastos junto con otros objetos de protección que generan *dü*. En ciertas ocasiones, el herrero que hace la circuncisión pasa su cuchillo sobre una máscara en miniatura para limpiarlo y purificarlo de fuerzas negativas o durante la operación.

Máscara *deangle* con tocado. Cat. 137

Las máscaras de las selvas de Liberia y Costa de Marfil llamadas *gle*, *ge* o *gla*, dependiendo del grupo, son de muchos tipos: "amables", de cara ovalada, con ojos rasgados o redondos, de boca chica, sin género pero cuyas cualidades se consideran femeninas. Un ejemplar muy característico del tipo "amable y femenino", tiene pintura blanca de caolín alrededor de los ojos como usan las mujeres y las niñas en ocasiones especiales, con la escarificación lineal en la frente —una práctica que ya no se practica entre los Dan— además de las escarificaciones que van de la nariz a las orejas, lo que identifica a la máscara como We o Grebo. Los dientes puntiagudos recuerdan una costumbre hoy en desuso. Esta máscara puede ser *deangle* o *bonagle*, encargada de la protección del campo de iniciación y mensajera entre éste y la aldea.

(1)

La composición étnica de esta región se debe a sucesivas migraciones de pueblos de lengua mande de la sabana de Guinea y Mali —los Dan y los Mano—, hacia las selvas de Liberia y Costa de Marfil —con población de lengua kru, como los We y Grebo—. Su estrecho contacto e intercambio produjo instituciones culturales y representaciones artísticas similares, reflejadas sobre todo en las máscaras. Éstas pertenecen a grupos y sociedades secretas más o menos poderosas y omnipresentes como la *Poro* de los Mano y constituyen *dü* entre los Dan, la parte física de la fuerza vital omnipresente. También los hombres tienen *dü*; al morir éste, regresa al dios creador Zlan que lo manda al mundo de los muertos. El *dü* de los muertos se manifiesta en sueños y expresa su deseo de materializarse en diferentes objetos; una mezcla de sustancias en un cuerno de antílope o en una concha, pieles de serpiente o un árbol recién sembrado, así como en máscaras. A cambio, ayudan a quien lo soñó a descubrir su vocación o habilidades particulares, le revela su nombre secreto y las prohibiciones relacionadas con él. Después que muere su portador original, la máscara se inutiliza por mucho tiempo, hasta que el espíritu escoja un nuevo miembro de la familia y se le manifieste en sueños.

Las máscaras angulosas, de boca grande, a veces con ojos tubulares y barba y las zoomorfas son del tipo masculino. Las que aquí vemos representan al pájaro calao, común en la mitología de África occidental: el primer ser creado, donador de la palma de aceite (producto sumamente importante en la región), tenaz y resistente.

La máscara *ge gon* (1) de los Dan tiene dos monedas en los ojos y pelo de mono alrededor de la boca; sus danzas son de entretenimiento e imitan las de un pájaro grande pero ágil. La máscara Mano del mismo tipo (2) es muy impresionante y debió pertenecer al más alto dignatario de la sociedad secreta *Poro* por los restos de materiales de sacrificio en la frente —sangre coagulada, plumas y nueces de kola masticada—, así como la escritura árabe de la parte interior que contiene aparentemente frases del Corán, invocaciones y fórmulas mágicas, amuletos que conferían más poder al espíritu materializado en la máscara; la escritura es árabe del Sudán occidental, que dejó de usarse en el siglo XIX. Esto datos no sólo nos indican la posible fecha de fabricación y de uso del objeto, sino también la fuerte influencia islámica que estos pueblos Mande difundieron en la región.

(2)

Tocado cubierto con piel de antílope
Cat. 135

El origen de estos tocados, únicos en África, se adjudica a los Ejagham (conocidos hasta hace poco como Ekoi), del sureste de Nigeria; sin embargo, se encuentran en la mayoría de los grupos de la región: Igbo, Efik, Keaka, Anyang, Boki, Ibibio, Bembe y Widekum. La gran expansión de estos tocados se debe a la difusión de las asociaciones y sociedades secretas que, con características similares, se reagrupaban alrededor de ciertos cultos y tenían funciones políticas y jurídicas. Las sociedades secretas unificaban a los grupos sin cohesión política en toda la región del río Cross, y favorecían las transacciones sociales y económicas, sobre todo a partir del siglo XVI, con el surgimiento del comercio de esclavos.

La raya que va de una mejilla a la otra pasando por la nariz tiene relación con el código *nsibidi*, cuyo significado hoy se desconoce. Colocados en orden, los ideogramas documentan eventos importantes y relatan narraciones extensas. Antiguamente, la escritura *nsibidi* se hacía sobre muros, se tejía en tela, se tatuaba sobre las personas y se rasuraba en la piel cabelluda del cráneo.

El color claro —destinado generalmente a los rostros femeninos—, el tocado tejido con lana y las facciones más finas de este tocado podrían indicar, sin embargo, su pertenencia a otra sociedad secreta femenina, la *ikem* o *egbebe* que se dedicaba a la educación de las jóvenes para el matrimonio; sus tocados característicos llevan peinados muy elaborados y extensos —confundidos muchas veces con cuernos—, que las jóvenes lucían al final de la iniciación.

Las marcas redondas y salidas en las sienes y la frente identifican al tocado como Ejagham, sin embargo, no son las características marcas femeninas (redondas, planas y pigmentadas con hollín), por lo que pudo ser de las sociedades *nkanda*, de guerreros, o la *bekarum*, de cazadores.

En la sociedad *nkanda* hay siete grados de iniciación, cada uno con sus tocados, emblemas y danzas. Los tocados se tallan en madera y se cubren con la piel fresca de antílope, cabra o mono; al secarse, ésta se estira y adhiere perfectamente a la escultura en madera, lo que produce un efecto muy realista, a veces enfatizado con el uso de cabello humano.

Esta práctica quizá deriva de una antigua costumbre; pueblo de guerreros, los Ejagham celebraban las victorias danzando con la cabeza del enemigo muerto sobre su propia cabeza, a manera de trofeo de guerra. La sangre de los enemigos se consideraba regeneradora de fuerza y fertilidad y, hasta el siglo pasado, se utilizaba la piel de un esclavo para montarla sobre la cabeza de madera.

Escultura de pájaro calao
poropianong o *sejen*. Cat. 140

Estas grandes esculturas, conocidas entre los Senufo sencillamente como *sejen*, pájaro, pertenecían a la sociedad secreta de iniciación *Poro* y se exponían o los iniciados las llevaban en procesión tras la segunda fase de iniciación. Muchos lo identifican como pájaro cálao, del que ya hablamos, mientras otros como cuervo, buitre o águila *Poro*.

El gran pico curvo alusivo al órgano masculino toca el vientre abultado indicando maternidad. También se le conoce como *poropianong*, literalmente "madre de los hijos del *Poro*", en referencia simbólica a la autoridad de los ancianos iniciados de esa sociedad que instruyen a las nuevas generaciones.

Tocado en forma de pájaro con
cuentas. Cat. 132

Tocado en forma de pájaro. Cat. 122

Los adornos del rey

Diferenciación soci

Cuando se es rico siempre se baila bien.
PROVERBIO POPULAR DE RWANDA

En la mayoría de las culturas africanas la posición social de un individuo se reconoce gracias a una serie de signos visibles conocidos por aquellos que comparten el mismo código. Objetos tales como textiles, cetros, bastones de mando, sombreros, sillas o esculturas, pero también marcas y pinturas corporales, arreglos o adornos, indican una posición específica en la jerarquía social y la pertenencia a una determinada asociación masculina o femenina; hablan del valor en la batalla o en la caza, de la exclusividad de un linaje sobre otro, o de los poderes sobrenaturales de un adivino, curandero o sacerdote. Los símbolos de poder africanos expresan la autoridad de una persona, como jefes y reyes, o de un grupo, como los ancianos o miembros de un grupo de culto. En particular, ciertos objetos denotan un alto rango o una situación de poder: cetros, bastones de mando, mosqueadores, cuchillos y hachas ceremoniales elaborados con materiales preciosos como marfil y oro o, si son de madera, finamente talladas; ninguno de ellos cumple una función utilitaria, sino que son símbolos de poder.

En muchas culturas africanas la figura del rey rebasa su poder humano y político y se vuelve una extensión de lo divino, encarnando así el bienestar y la prosperidad de toda la nación en un sentido más amplio. Los objetos de prestigio que rodean a estas figuras confirman y refuerzan su autoridad política y espiritual, compuesta en esencia por elementos de fuerza o autoridad militar, de legitimidad a través de la santificación ritual, de estatus en la jerarquía social y de bienestar material.

Se utilizan todos los medios para marcar la diferenciación social evidente de los reyes; arquitectura, armas y cetros, tronos, coronas, textiles particulares, materiales preciosos como oro, marfil, bronce o coral, sustancias y amuletos protectores, signos que inevitablemente remiten a su poder, como imágenes de elefantes y leopardos, muchas veces de uso exclusivos de la realeza.

(1)

(2)

(3)

(1) Hacha ceremonial con figura
femenina en el mango. Cat. 161

(2) Cetro de danza antropomorfo
(*ose sango*). Cat. 156

(3) Cetro de danza (*ogo elegbara*).
Cat. 150

(1)

(2)

(3)

(1) Bastón de mando labrado con
dos figuras antropomorfas
(*izinduku*). Cat. 149

(2) Bastón de mando con figura
femenina. Cat. 159

(3) Bastón de mando en forma de
mujer (*ndwang*). Cat. 170

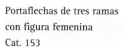

Portaflechas de tres ramas
con figura femenina
Cat. 153

Originalmente era un accesorio de cazador que servía para cargar arco y flechas y, gracias a su
forma de horquilla, podían tomarse rápidamente las armas en caso de peligro. Los cazadores
profesionales Luba de la República Democrática del Congo se inician dentro de la sociedad
Bubinda o *Buyanga* que venera a los espíritus del viento y a elementos venidos de otros lugares;
delante de su casa cada uno planta una rama bifurcada donde se deposita el producto de la caza.
Éste es el signo material que origina la concepción del portaflechas. Para los Luba las actividades de caza son eminentemente rituales; esa realidad la reproduce el término *kihanda* o *kipanda*, que significa bifurcación en madera. Un mito de origen ilustra su importancia:

> El héroe civilizador Luba, Mbidi Kiluwe, gran cazador venido del este, apareció en la orilla de un río,
> arriba de un gran árbol; para que pudiera bajar, se necesitó que la hija del jefe local se parara con su
> espalda contra el tronco del árbol; después, Mbidi se casa con ella y funda el reino Luba.

La postura de la figura femenina tallada en este portaflechas indica precisamente esta parte del mito. Poco a poco las ramas bifurcadas se transformaron en símbolo y emblema del jefe
del linaje *lupanda*; el portaflechas representó entonces el genio femenino que permite al linaje
comunicarse y recibir las bendiciones de sus ancestros. Los grandes jefes poseían uno de metal,
los demás, de madera. El cristal de roca incrustado en el peinado de la figura es poco común
y sugiere que el dueño de este portaflechas era adivino o un miembro de una sociedad secreta
que usaba las fases de la luna para regular sus actividades.

Sombrero de jefe (*misango mapende*).
Cat. 181

Sombrero con plumas moradas
y negras. Cat. 179

Lo usan varios grupos étnicos de Camerún y los
Mangbetu del Congo; su base es un tejido de fibras
que simula una gorra o una canasta donde se insertan preciosas plumas rojas de la cola del papagayo
gris africano, asociadas a los jefes. Se utilizan diferentes tipos de plumas, que a veces se tiñen.

Estos sombreros son el atributo exclusivo de los
danzantes de palacio en ocasiones ceremoniales o
durante los rituales funerarios. Cuando no están en
uso, pueden doblarse por el reverso de la cofia de fibras para cubrir y proteger las plumas.

Tocado para máscara o peluca.
Cat. 182

Atributo exclusivo de los hombres adultos entre los Kuba, el sombrero indica la posición social de su portador según los elementos que lo acompañan. Generalmente, los hombres se rasuran la cabeza por higiene o cuando están de duelo. Los niños que están en el proceso de iniciación, son rasurados para indicar su posición en transición. Sólo después del periodo de iniciación, se presentarán a la sociedad, ya como hombres adultos, con un sombrero de rafia como éste.

La importancia de los cargos en la sociedad Kuba, la competencia social y la jerarquía quedan implícitos visualmente en los sombreros y tocados. Cada cargo —jefes, ancianos, soldados— tiene emblemas, símbolos y alabanzas asociados. En la actualidad, hasta los hombres que optaron por vestir al estilo occidental, llevan el *laket* como signo de identidad cultural y como medio para indicar su rango social.

El *laket* se sujeta a la cabeza con un alfiler para el cabello (*ndwong angwoong*). Todos los sombreros se hacen de rafia natural con la técnica de cestería de enrollado en espiral; la forma se completa con un remate festonado (*mato*) en cuatro partes, una de las cuales debe apoyarse en la frente. Generalmente, el alfiler es de hierro o aluminio, pero, si es de latón, como en este caso, denota una posición privilegiada del portador.

Espantamoscas con figura
femenina como mango. Cat. 151

Adorno para la cintura en forma
de cabeza de leopardo. Cat. 166

Escultura femenina (*lü me*). Cat. 162

Las tallas Dan, casi siempre femeninas, son esculturas-retrato, *lü me* o *li me*, "gente de madera". El retrato, en estos casos, no se toma en el sentido occidental, no se trata de una reproducción fiel de rasgos sino la identificación de la escultura con la mujer que la inspira; para captar la esencia de una persona, basta una marca particular y distintiva, como alguna escarificación, la posición de los ojos o el tamaño de la nariz, el cuello largo, el peinado o la forma de los senos. Las caras, sin embargo, recuerdan a las máscaras "de tipo femenino y amables", de ojos rasgados decorados con caolín y los dientes puntiagudos según una práctica ya en desuso, que sin embargo apunta a una mujer adulta, en pleno vigor.

Generalmente se tallan en honor de una esposa o hija de un jefe, pero pueden también representar a una esposa difunta. A pesar de este hecho, no pertenecen a ningún culto relacionado con los antepasados; se consideran objetos de prestigio y sólo se exhiben para honrar a invitados importantes. El precio por comisionar este tipo de esculturas era muy alto; había que pagar al escultor y organizar una fiesta para todo el pueblo en el momento de la entrega de la escultura. Hoy día, la tradición de las *lü me* está en desuso entre los Dan; las esculturas desaparecieron de las aldeas —seguramente vendidas a comerciantes de arte— y no las remplazaron, como pasa con las máscaras.

Silla de jefe *tshitwamo tsha mangu*
Cat. 177

En la segunda mitad del siglo XVIII los Chokwe de Angola central tenían contacto con las caravanas comerciales que iban de Benguela a el Zambezi, es ahí en donde vieron las sillas europeas de aquella época, las cuales fueron imitadas por sus hábiles artesanos. Durante el siglo XVII muchos jefes chokwe introdujeron sillas importadas de los oficiales portugueses como tronos.

El antiguo estilo para el asiento del jefe era un pequeño banco redondo, elegante y fuerte para sostener a un soberano de grandes proporciones que indicaban prosperidad y salud. Las primeras réplicas fueron hechas de una sola pieza de madera y tenían la misma altura que los bancos —como el ejemplar de la exposición— pero pronto hicieron sillas más grandes, las patas decoradas con esculturas que representan las principales etapas de la vida humana así como actividades cotidianas.

La adopción del nuevo asiento con respaldo y asientos cubiertos de piel (en este caso de antílope), no provocó que se abandonaran sus propios cánones de decoración. La figura del respaldo representa a *Cihongo*, ancestro primordial, símbolo de masculinidad, poder y riqueza. En este caso, dos figuras cariátides guardianes fungen como patas frontales. La decoración geométrica del respaldo responde a motivos naturales como los patrones del caparazón de tortuga. El nombre local de estas sillas es *tshitwamo tsha mangu*.

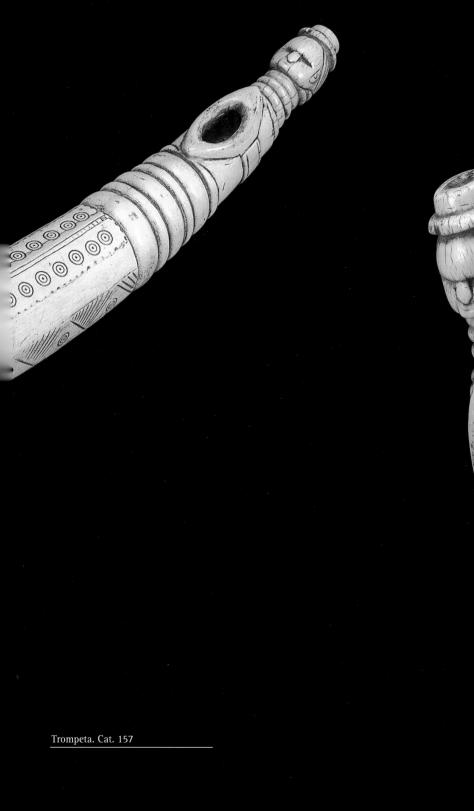

Trompeta. Cat. 157

El arte de vivi

Significados de lo cotidic

Las modas duran lo mismo que las fases de la luna.

Proverbio del sureste de África

Los objetos de esta sección forman parte de las actividades y tareas cotidianas; su significación, sin embargo, rebasa lo propiamente utilitario y los relaciona con otros aspectos de la vida. Por lo elaborado de su talla o decorado, algunos objetos nos hablan del prestigio, la posición social o la riqueza material de su dueño, mientras que otros elementos hacen referencia directa a la cosmovisión propia de su cultura.

Estos objetos se presentan poco en las exposiciones porque una visión muy occidental los relega al rango de "artes menores". Las colecciones de los museos, por esa causa —con excepción de los etnográficos y de historia natural—, se centran en las grandes "obras maestras" de los pueblos africanos como las máscaras y esculturas. Esas limitaciones de visión nos han impedido apreciar otros elementos culturales, como los objetos utilitarios y el arte efímero, que en muchos casos revelan mejor la concepción estética colectiva. La cultura material de un pueblo no se limita a las reconocidas "obras de arte", incluye el diseño de sillas, cajas, pipas, tabaqueras, joyas, puertas o instrumentos musicales.

Pocas cosas en África se consideran arte decorativo; incluso las joyas constituyen un mundo expresivo cuyo valor no está dado únicamente por los materiales —preciosos o no— con los que se elaboran, sino por su mensaje implícito. En una mujer Maasai, los cubreorejas de chaquira indican que es casada, mientras que los pendientes en un joven muestran que ya fue iniciado. Para algunos pueblos el oro es maléfico, a diferencia de la plata, el vidrio o las conchas, materiales que se utilizan como amuletos para la fertilidad. En Mali, en cambio, el ámbar y el oro indican la pertenencia a un cierto grupo social, mientras que en África oriental los colores de los adornos apuntan a la edad y función social del individuo.

Tabaquera con cariátide femenina.
Cat. 208

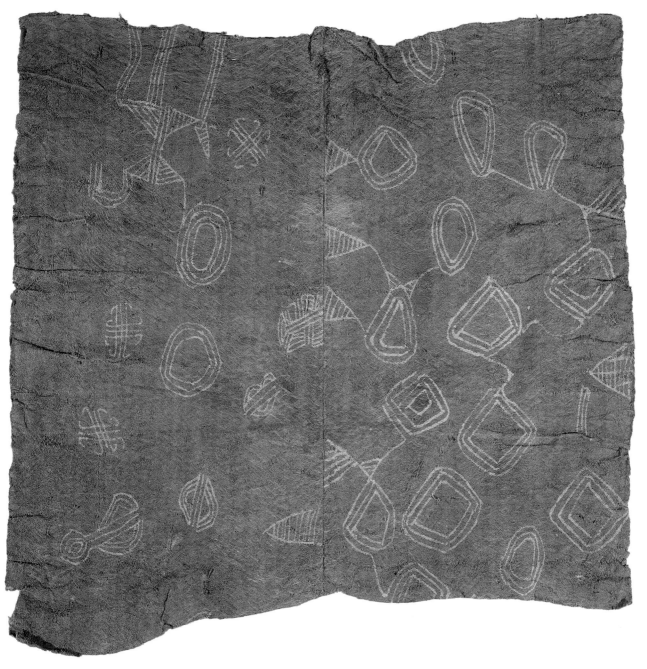

Paño de corteza. Cat. 184

Los Dan y los We se conocen por sus elaboradas tallas en
cucharas de uso cotidiano y por los cucharones, *wurkir-
mian*, que usan en celebraciones; son las insignias de honor
de la mujer más generosa de su vecindario, la *wunkirle*,
que conduce a un grupo de mujeres y distribuye comida
con su cucharón, a veces en competencia con las *wunkir-
lone* de los otros vecindarios de la aldea. En tal caso, los
invitados y huéspedes deciden imparcialmente quién es la
más generosa, y luego las máscaras la alabarán visitándola
y cantando para ella.

La *wunkirle* prepara la comida para los hombres que
limpian el campo antes de la siembra; ofrece hospitali-
dad a todo quien llega a su puerta, sean visitantes o músicos y danzantes, y es anfitriona de los extranjeros que
vienen a las fiestas de la aldea. Para ofrecer tanta comida,
la *wunkirle* es la agricultora más eficiente y productiva
de la aldea; para lograrlo su esposo y sus hijos la ayudan
en los trabajos más pesados del campo.

Como las máscaras masculinas, los cucharones *wunkirmian* tienen nombre propio y son objetos de prestigio;
encierran la fuerza vital del espíritu tutelar de la mujer,
que le ofrece protección, fama y riqueza. Muchos, como
el de la colección, tienen mango con cara femenina, a veces el retrato de una "mujer generosa" en particular, o
bien la cabeza de una res, cabra o cordero, animales destinados a la comida de fiesta. Otros tienen mango de piernas de mujer, por lo que el cucharón es la parte superior
del cuerpo. Nuestro ejemplar, poco común por su doble
recipiente, quizás indica la doble generosidad de la mujer que lo poseía.

Cuando la *wunkirle* envejece y no puede ya sustentar su
papel de anfitriona, escoge a la sucesora entre las mujeres más ricas y generosas de su barrio, a quien le traspa-
sa título y cucharón.

Puerta de granero con cerrojo
y figuras antropomorfas en relieve.
Cat. 201

Pertenecía a un granero donde toda la familia extensa conserva-
ba su cosecha. El granero se construye en el patio de la casa principal de un linaje, donde viven los más ancianos y se custodia el
altar dedicado a los antepasados, quienes protegen este lugar
fundamental para la sobrevivencia del grupo familiar, sobre todo en la región árida del Sahel.

En el cerrojo se encuentra una pareja, de dos cabezas pero un
solo cuerpo, relacionada a la pareja primordial de muchos pueblos de la sabana. En cambio, los personajes de sexo indefinido
tallados en la hoja de la puerta hacen referencia a las generaciones de antepasados míticos del pueblo Dogón de Mali. Puertas
y cerraduras labradas cuentan historias que unen el trabajo del
agricultor, el esfuerzo de los ancestros y los orígenes divinos de
la cultura humana. Dentro de los graneros existen comparti-
mentos para las reservas de alimento y los materiales rituales, en
un tipo de arquitectura que reproduce las relaciones sagradas
de fertilidad y crecimiento.

Recipiente ritual con tapa. Cat. 198

Recipiente para nueces de cola con la figura de un perro en la tapa
Cat. 200

Recipiente para nueces de cola con cabezas antropomorfas en la tapa (*okwa oji*). Cat. 202

Estuche para espejo. Cat. 203

La escultura Yoruba, una de las más prolíficas del continente, sirve a los intereses de la religión, el poder y el prestigio social pero también a la necesidad estrictamente profana de poseer cosas bellas. El estuche que aquí vemos se abre deslizando la figurita de lado, lo que revela así el espejo en el "vientre" que forma el cuerpo de la figura de tres cabezas. Las piernas están enrolladas en la parte trasera de la pieza de tal manera que resulta difícil saber si la figura va o viene. Estos efectos "tramposos" quizá relacionan a la pieza con Eshú, patrono de la adivinación y de las fuerzas que están en los cruces de lo visible y lo invisible. En África los espejos generalmente se relacionan con el poder de clarividencia; proporcionan el umbral entre los mundos humano y espiritual, al volver la imagen reflejada de uno a otro, nos recuerdan lo ambigua que puede ser la realidad.

Los antepasados

Vida después de la muert

Sólo sabrás quién es una persona por la lengua en la que llora.
PROVERBIO MENDE, SIERRA LEONA

Con la pareja primordial en la cúspide, como antepasados comunes de todo un grupo étnico, la mayoría de las sociedades agrícolas africanas se organiza alrededor de linajes, con sus ancestros específicos. Estos grandes grupos de parentesco se subdividen en clanes, que a su vez se dividen en familias extensas; hay altares y ceremonias dedicados a los antepasados de cada subdivisión, mientras que el culto a los antepasados familiares es más doméstico y cotidiano.

Sin embargo, la muerte por sí sola no garantiza el estatus de antepasado. La muerte ideal, a la cual cada persona aspira, se alcanza sólo después de una vida larga y plena, es decir, como anciano o anciana con mucha descendencia que contribuyó al bienestar de la comunidad. Gracias a los ritos funerarios que convierten al muerto en antepasado, su espíritu benéfico servirá como intermediario entre la esfera de los vivos y el mundo sobrenatural, intercediendo siempre a favor de los suyos. Los antepasados pueden influir sobre los hombres y la naturaleza y dirigir el curso de los acontecimientos. De esta manera, la muerte física se convierte en un simple lapso de pasividad entre dos estados de existencia; después de la muerte, la persona sigue participando, ya sea como ancestro, ya sea de regreso entre los suyos a través de un recién nacido, en quien el difunto reproduce algunas de sus propias características físicas o intelectuales. El ámbito de los antepasados se concibe como un mundo análogo al nuestro, fuera del tiempo, sin pobreza o enfermedades, pero que reproduce la sociedad de los vivos.

En los altares dedicados a los antepasados se colocan esculturas o máscaras que los representan nunca son retratos fieles de ellos, sino sólo materializaciones de los espíritus de los ancestros en su conjunto. en algunos casos, la escultura es depositada al lado de la persona en el momento de su muerte para que absorba y conserve la fuerza vital del difunto, convirtiéndose en receptáculo.

(1)

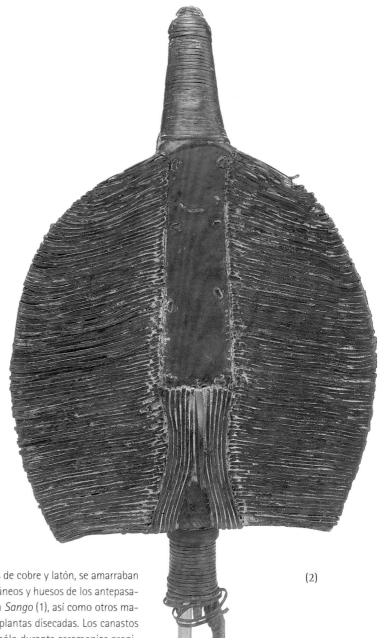

(2)

(1) Relicario sobre un envoltorio
(*mbumba bwiti*). Cat. 270

(2) Relicario con tiras de cobre
y latón (*bwete*). Cat. 267

Las figuras de madera tallada *bwete* o *bwiti*, cubiertas con tiras de cobre y latón, se amarraban arriba de los canastos, cajas de corteza o envoltorios con los cráneos y huesos de los antepasados más distinguidos de un linaje, como se aprecia en la figura *Sango* (1), así como otros materiales con valores mágicos y simbólicos: conchas, caracoles, plantas disecadas. Los canastos se guardaban en recintos sagrados y las reliquias se exponían sólo durante ceremonias propiciatorias o ritos de iniciación al culto *bwete*. En muchos casos existían dos tipos de figuras que custodiaban las reliquias: unas grandes (2), que representan a los fundadores del linaje, y otras más chicas, a sus descendientes. La forma abstracta y simbólica de estos antepasados es casi siempre la misma; el "rostro" recuerda al de una cobra, el "cuerpo" se sugiere en *losange* y la protuberancia sobre la cabeza que se reclina indica el peinado de los más ancianos relacionados con el culto a los antepasados. Estas piezas son raras ya que, a partir de 1930 —a causa de una intensa campaña de los misioneros cristianos y una imposición creciente del estilo de vida occidental—, la mayoría se quemaron o enterraron para evitar su destrucción.

Máscara facial antropomorfa
para danza *Okperegede* con peinado
elaborado (*ogbodo*). Cat. 273

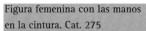
Figura femenina con las manos
en la cintura. Cat. 275

Figura femenina de pie, con arete
en la oreja izquierda y en la nariz
(*nyeleni*). Cat. 265

(1)   (2)   (3)

Los Yoruba creen que los gemelos tienen características particulares, peleoneros e intrépidos. Caminan de la mano de los *orisha* —los dioses— y pueden bendecir o maldecir a sus familias. Por esta razón, sus padres los cuidan con esmero y les rinden honores especiales, para hacerlos felices y atraer sus favores. Dado que los gemelos nacen generalmente bajos de peso, muy a menudo uno no sobrevive; puesto que sus almas son inseparables, el gemelo muerto puede "celar" al gemelo vivo y tratar de convencerlo para que lo alcance en la muerte. Para apaciguar al gemelo muerto y poder cuidarlo como el vivo, se manda tallar un *ere ibeji* —literalmente, "gemelo tallado"— que representa al niño muerto como adulto, con símbolos propios del estatus social correspondiente si viviera. El gemelo muerto sigue vivo en su representación de madera y participa en todas las actividades del hermano. Durante los festejos en honor a *Sango*, las madres de gemelos —admiradas por su extraordinaria fertilidad— danzan con las esculturas *ere ibeji*.

(4)

Figura femenina de gemelo con capa
y tocado (*ere ibeji*). Cat. 269

(1) Figura femenina con labiete.
Cat. 287

(2) Figura femenina (con las piernas flexionadas). Cat. 288

La mayoría de estas esculturas de gran tamaño se guardan en la casa del *Hogon*, el jefe religioso de una o más aldeas —usualmente la persona más anciana de la región, por tanto la más próxima al mundo de los muertos—; las más pequeñas se ubican en los altares familiares dedicados a los antepasados. Sólo en caso de una muerte se sacan del altar y se exponen en el techo de la casa o cerca de la cabeza del muerto —sitio donde se concentra la fuerza vital que está por abandonar el cuerpo— con el fin de que la figura de madera absorba una parte de esta fuerza. Muchas esculturas son hermafroditas, en recuerdo de los primeros seres andróginos creados por el dios *Amma*; otras refieren algún momento mítico de la creación, como las figuras con los brazos levantados que representan a *Nommo*, el primer ser creado, pidiendo la lluvia a dios.

Muchas esculturas tienen las piernas flexionadas, portan joyas y el tradicional adorno labial en forma de pequeña barba; algunas se dedican a mujeres que murieron dando a luz y se guardan en altares especiales; otras —arrodilladas o con las manos sobre las rodillas— representan la postura característica del duelo femenino en los funerales de hombres y signo de gratitud hacia los difuntos por sus actividades en beneficio de la comunidad. Durante el funeral de una mujer, en cambio, los hombres entonan este canto:

Gracias por tu ayer, gracias por tu ayer.
Gracias por tu trabajo en el campo, gracias por tener hijos.
Gracias por la comida que preparaste, gracias por la carne,
gracias por la cerveza de mijo,[1] gracias por el agua, gracias.

[1] Se refiere al *Milium indicum*, de uso común en el occidente africano.

Ceremonias para los muertos

Ritos funerario

Llegamos al mundo en otros brazos y en otros brazos lo abandonamos.

PROVERBIO MALINKE, MALI

La muerte, inevitable pero sorpresiva, irrumpe de forma dramática en la cotidianidad y rompe el orden establecido; los ritos funerarios no se orientan a conjurar a la muerte, como se piensa, sino a restablecer este orden amenazado. Sin embargo, en muchas culturas, lo imprevisible de la muerte obliga a realizar un entierro rápido. Más tarde, cuando la familia o la aldea tenga tiempo para reunir la comida y bebida necesarias y la gente llegue, iniciará el periodo de duelo y los rituales propiamente funerarios. En algunas culturas, estos rituales son colectivos, como las grandes ceremonias *dama* entre los Dogón de Mali. Cada dos o tres años celebran grandes fiestas de varios días que indican el fin del duelo por quienes han muerto desde la última *dama*. Las máscaras ayudan a separar definitivamente el espíritu de los muertos del mundo de los vivos.

En muchas culturas, las mismas máscaras de seres fantásticos que participan en la iniciación se encargan de alejar de la aldea lo que ya no pertenece al mundo de los vivos. El difunto debe abandonar la comunidad y reincorporarse al flujo vital de la naturaleza para que se realice la última transformación. Por una parte, los funerales permiten la separación de los difuntos del mundo de los vivos y el fin del periodo de duelo, lo que posibilita a los familiares reincorporarse a sus actividades cotidianas; por otra, los mismos rituales facilitan al muerto su incorporación al mundo sobrenatural. De este manera, los rituales funerarios repiten los procesos de cambio de la iniciación; es el rito de paso final ya que simboliza el nacimiento de los difuntos como antepasados.

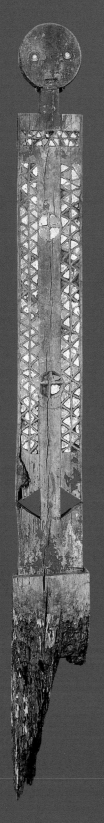

Poste funerario antropomorfo con
decoraciones geométricas (*kigango*)
Cat. 292

Los pueblos de agricultores Giriama, Kambe, Kauma y Chony, del oriente
costero keniano, forman el conjunto Mijikenda, que conserva la tradición
de esculpir postes funerarios de tipo antropomórfico —*vigango* (*kigango*,
en singular)— en honor a los muertos. Pueden o no marcar el lugar de la
tumba, pero en la mayoría de los casos no es así. Los vigango más grandes —como el que aquí se muestra— conmemoran a los ancianos miembros de la asociación *Gohu*. Después de un año de muerto, el anciano se
aparece en sueños a su hermano, hijo o nieto y le pide mande tallar un *kigango* en su memoria. Una vez instalado, el poste comunica al espíritu del
anciano muerto con su descendencia, que le pide su intercesión en caso de
problemas. Suelen estar acompañados por postes más chicos y tallados de
manera más burda, que representan la segunda generación de efigies que
remplazan a los *vigango* abandonados cuando una aldea se reubica. Esas
tallas tienen un tiempo limitado de vida; se encajan en el suelo para recordar al espíritu de un muerto y padecen un paulatino descuido cuando el
espíritu se olvida.

Tambor principal de una asociación
civil Asafo con doble par de senos
(*ntwenebdia*). Cat. 293

Los ataúdes de "fantasía" tienen su auge en Teshi —aldea de pescadores, hoy suburbio de la capital ghaniana— a mediados del siglo XX, siguiendo la tradición local de los palanquines sobre los cuales eran llevados los jefes. Kane Kwei (1922-1992) fue uno de los fundadores de dicha costumbre y destaca por sus modelos innovadores.

Los ataúdes en forma de cacao son muy comunes en la zona por las grandes plantaciones que han prosperado desde la introducción del grano desde América en el siglo XIX. Esta innovación en el arte funerario de Ghana, además de la incorporación de un tipo de entierro occidental, que se debe también a la tradición de muchos pueblos de África occidental de enterrar junto con el difunto objetos personales.

Así, encontramos el ataúd para un sacerdote o un converso al cristianismo en forma de Biblia; para los pescadores, distintas clases de peces o barcos, mientras que para los comerciantes ricos habrá un Mercedes Benz y para los jefes, las formas de águila o león; una cebolla o un chile para un agricultor o una gallina con pollitos para una anciana con muchos hijos y nietos.

(1)

(1) Máscara que representa un carnero (*saragigi*). Cat. 294

(2)Máscara-yelmo zoomorfa (*korobla*). Cat. 299

(2)

Traje de danza ceremonial
(*egungun*). Cat. 305

La ceremonia en máscara de los *egungun*, una de las más complejas realizadas por los Yoruba de Nigeria, tiene lugar para honrar a los muertos, una o dos veces por año. Es un ritual difundido a partir de los grupos de la región de Oyo y muestra en cada lugar rasgos distintivos, que resultan de la difusión y subsiguiente apropiación que ha sufrido en todo el país Yoruba desde su aparición.

Los niveles de expresión ritual y de escenificación son variados, desde la presencia de un conjunto instrumental de tambores y cuernos, pasando por una gama variada de agentes rituales enmascarados, que representan animales, personas ajenas a la comunidad, "locos", todo un conjunto de elementos organizados alrededor de la persona difunta, vestida con el traje *egungun*. Los diferentes encadenamientos rituales, que marcan la entrada y salida de los personajes, narran un relato que conmemora los lazos simbólicos que unen entre sí a los vivos, de la misma manera, a nivel cosmogónico, los tres mundos existentes entre los Yoruba: los vivos, los todavía no nacidos y los muertos. En este sentido el ritual *egungun* permite a la comunidad entera experimentar una relación directa con el difunto y la figura del linaje que se conmemora, revelando al conjunto de espectadores un mundo invisible donde no existe la separación entre los vivos y los muertos, sino su conjunción en el "muerto viviente" *egungun*. Su danza provoca precisamente el efecto de una ilusión optica, puesto que el danzante da vueltas como un trompo sobre sí mismo, en un movimiento de rotación continuo, donde los trozos y lengüetas de tela —estratos del traje que se añaden cada año— parecen flotar, de manera que la sensación de mareo humano se confunde con la aparición de un ser del más allá, materializado en la danza *egungun*, pero sin contornos definidos. Esta fase del ritual concluye con la transformación de dos hombres con traje *egungun* en una boa constrictor; la segunda parte implica una lucha de una serie de enmascarados *egungun* contra la boa, que finaliza con la victoria de los enmascarados. La tercera parte, cuando los demás actores se repliegan dejando a uno de ellos en el centro, acaba con la transformación progresiva del danzante, que cambia el traje multicolor *egungun* por uno enteramente blanco, mostrando ritualmente la posibilidad simbólica de los cambios cualitativos en el hombre.

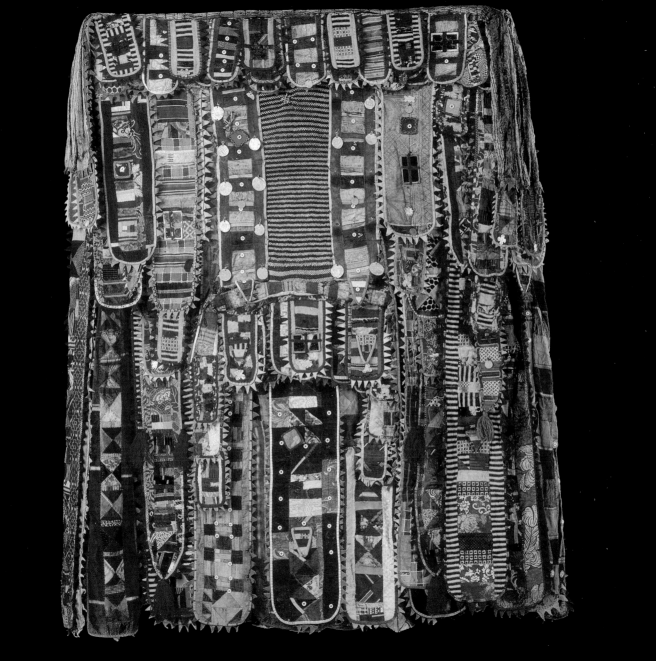

Lista de catálogo

NOTA: Esta lista de obra contiene la siguiente información: número de catálogo; descripción de la pieza seguida de su nombre local, cuando se conoce, entre paréntesis, época; cultura o grupo étnico y país de origen; materiales con que fue elaborada; sus medidas en centímetros (alto por ancho por profundidad); la catalogación de los Museos de Bellas Artes de San Francisco; forma de adquisición.

1. Colmillo de marfil labrado con escenas de vida cotidiana, principios del siglo XX, Kongo o Loango, República Democrática del Congo
Marfil
86.4 x 5.4 cm
1984.1
Donación anónima

2. Máscara antropomorfa con deformación facial de la sociedad Ekpo (idiok), siglo XX
Ibibio, Nigeria
Madera
29.2 x 17.1 x 19.7 cm
1979.5
Fondo Phyllis Wattis

3. Placa con figura femenina sosteniendo un pequeño leopardo en el hombro, 1600
Edo, Reino de Benin, Nigeria
Bronce
45.1 x 17.8 cm
1980.31
Fondo de Donación William H. Noble

4. Máscara que representa el espíritu de un elefante (ogbodo enyi), siglo XX
Igbo, Nigeria
Madera, pintura y metal
36 x 30.5 x 62.1 cm
1989.23
Donación de Marc y Ruth Franklin

CREADORAS DE VIDA
Continuidad de la existencia

5. Figura femenina de pie con un niño en la espalda, siglo XX
Fang, Gabón
Madera
39.1 cm
1987.33
Colección Loran

6. Figura de fertilidad, siglo XX
Namchi, Camerún
Madera y cuentas
20 x 11.7 x 22.2 cm
1991.91.4
Donación del James Ludwig y Sra. en honor de Alexandra K. Phillips

7. Figura de fertilidad, siglo XX
Zaramo, Tanzania
Madera y cuentas
14 cm
1994.28.31
Donación de Dean C. Barnlund

8. Figura de fertilidad (akua'ba), siglo XX
Asante (Ashanti), Ghana
Madera
31.1 x 14.6 x 6.4 cm
1995.92.3
Donación de Gail y Alec Merriam

9. Figura femenina sentada amamantando a un niño, siglo XX
Bono (conjunto Akan), Ghana
Madera y pigmentos
48.9 x 19.1 x 19.7 cm
1997.1.1
Donación de Dwight y Blossom Strong

10. Figura femenina arrodillada con escarificaciones en hombros y pecho y un niño en las rodillas (pfemba), siglo XX
Yombe (conjunto Kongo), República Democrática del Congo
Madera y pigmentos
31.8 x 11.4 x 8.9 cm
1999.142.169
Donación de John Gutmann

11. Figura para el techo de la casa de un jefe, mujer parada con niño sostenido de lado sobre la cadera (kishikishi), siglo XX
Pende (región Kasai), República Democrática del Congo
Madera y pigmentos
124.5 x 29.2 x 22.9 cm
2000.3
Donación de Dwight y Blossom Strong

12. Mujer sentada con las piernas alargadas y un niño parado en las rodillas, siglo XX
Luba, República Democrática del Congo
Madera
24 x 14.9 cm
L99.78.105
Colección Loran

13. Figura femenina de fertilidad *(biiga)*, siglo XX
    Mossi, Burkina Faso
    Madera
    31.8 x 7 x 7 cm
    L99.78.200
    Colección Loran

14. Figura femenina de fertilidad con cabeza
    rectangular *(akua'ba)*, siglo XX
    Fante, Ghana
    Madera y cuentas
    39.4 x 7.6 x 5.7 cm
    L99.78.207
    Colección Loran

DE NIÑOS A ADULTOS
Ritos de iniciación

15. Máscara antropomorfa masculina *(cihongo)*,
    principios del siglo XX
    Chokwe, Angola
    Madera, pigmento rojo y caolín
    22.9 x 15.2 x 15.2 cm
    1987.8
    Fondo de J. Alec Merriam y Sra. y fondos de
    la Fundación de los Fine Arts Museums

16. Máscara-yelmo femenino *(sowei)*,
    principios del siglo XX
    Mende, Sierra Leona
    Madera y rafia
    94.9 x 21 x 29.1 cm
    1981.21.9
    Fondo de Adquisición AOA

17. Máscara-yelmo antropomorfo *(ndeemba)*,
    siglo XX
    Yaka, República Democrática del Congo
    Madera, fibra, pintura y tela
    64.1 cm
    1984.87.1
    Donación de Janine y Michael Heymann

18. Máscara-yelmo con cabeza femenina
    como tocado *(gbetu)*, siglo XX
    Gola, Liberia
    Madera
    68.6 x 24.1 cm
    1986.69.4
    Donación de James J. Ludwig y Sra.

19. Máscara facial con orejas y ojos alargados
    (panya ngombe)
    Pende *(región Kasai)*, República Democrática
    del Congo
    Madera y pigmentos
    17.8 x 43.2 x 10.2 cm
    1987.31.2
    Donación de Marc y Ruth Franklin

20. Máscara-yelmo antropomorfo femenino
    con escarificaciones *(lipiko o midimu)*,
    siglo XX
    Makonde, Mozambique
    Madera, pelo humano y cera de abeja
    24.9 x 23 x 33 cm
    1990.13
    Compra del Museo

21. Máscara antropomorfa de circuncisión con
    tocado en forma de lamas *(giphogo)*, siglo XX
    Pende *(región Kasai)*, República Democrática
    del Congo
    Madera y pigmentos
    41.9 cm
    1991.15.5
    Donación de Marc y Ruth Franklin

22. Máscara antropomorfa con tocado *(deangle)*,
    siglo XX
    Dan, Liberia-Costa de Marfil
    Madera, conchas caoríes y tela
    27.3 x 25.4 cm
    1991.91.5
    Donación de James Ludwig y Sra. en honor
    a Alexandra K. Phillips

23. Máscara-yelmo que representa a un búfalo,
    siglo XX
    Holo, República Democrática del Congo
    Madera y rafia
    76.2 x 76.2 cm
    1992.47.3
    Donación de Dwight Strong

24. Máscara-yelmo que representa a una mu-
    jer anciana, con arete y labiete *(lipiko o
    midimu)*, principios del siglo XX
    Makonde, Mozambique
    Madera, cabello humano y metal
    19.1 x 25.4 cm
    1994.169.2
    Donación de Peter y Ann Wengraf

25. Tocado que representa a un búfalo, siglo XX
    Jompre Yukuben o Kutep, Nigeria
    Madera, pigmentos, resina y semillas
    40.6 x 16.5 x 16.5 cm
    1996.12.19
    Donación de Michael R. Heide

26. Yelmo-tocado con cuernos y cresta dentada,
    siglo XX
    Tusyan, Burkina Faso
    Madera y material sacrificial
    30.5 x 22.9 x 26.7 cm
    1996.12.35
    Donación de Michael R. Heide

27. Máscara-yelmo con cuernos, siglo XX
    Bamana *(región sur)*, Mali
    Madera y caolín
    45.7 x 29.2 x 25.4 cm
    1996.12.36
    Donación de Michael R. Heide

28. Máscara-yelmo antropomorfo con un peque-
    ño antílope como tocado *(hemba)*, siglo XX
    Suku, República Democrática del Congo
    Madera, pigmentos y rafia
    45.7 x 36.8 cm
    57.13.1
    Donación de Axel M. Peterson

29. Máscara de joven mujer con tocado *(gabuku)*,
    siglo XX
    Pende *(región Kwango)*, República Demo-
    crática del Congo
    Madera, pigmentos y fibra de palma
    30.5 x 22.9 cm
    57.13.5
    Donación de Axel M. Peterson

30. Máscara antropomorfa con barba *(giwoyo)*,
siglos XIX-XX
Pende *(región Kwango)*, República Democrática del Congo
Madera, pintura y rafia
57.2 x 20.3 cm
57.13.7
Donación de Axel M. Peterson

31. Máscara antropomorfa con tocado *(pwoom
itok)*, siglo XX
Bushoong *(conjunto Kuba)*, República Democrática del Congo
Madera, pigmentos, cuentas, tela y fibra
25.4 x 27.9 cm
72.3.1
Fondo de Arte Fiduciario del Museo M. H.
de Young

32. Máscara-yelmo femenina con remate circular en el peinado *(sowei)*, siglo XX
Mende, Sierra Leona
Madera y rafia
34.9 x 22.2 cm
75.3.20
Fondo de Adquisición AOA

33. Tocado con figura femenina *(del tipo goga)*,
siglo XX
Senufo, Costa de Marfil
Madera
49.5 x 21 cm
L99.78.221
Colección Loran

34. Escultura que representa un caballo *(syoon-
goro)*, siglo XX
Senufo, Costa de Marfil
Madera
17.8 x 63.5 x 17.1 cm
L99.78.143
Colección Loran

ADIVINOS Y CURANDEROS
Viajeros entre dos mundos

35. Figura masculina de jinete *(blolo bian)*,
siglo XIX
Baule, Costa de Marfil
Madera, piel y fibra
54.6 x 14.6 x 18 cm
1982.118
Colección Loran

36. Figura de altar sentada sobre un banco,
siglo XX
Asante *(Ashanti)*, Ghana
Madera, caolín, tela *kente*, cuerda y piel
40 x 11 x 9 cm
1982.131
Colección Loran

37. Recipiente de adivinación para las nueces
de palma, sostenido por una figura masculina y otra femenina *(agere ifa)*
Yoruba, Nigeria
Madera
21 x 16.5 x 12.7 cm
1984.5
Fondo de adquisición Phyllis L. Wattis

38. Pendiente de la danza del culto a Eshu,
siglo XX
Yoruba, Nigeria
Madera y conchas
8.3 x 5.7 x 5.7 cm
1987.29.5
Donación de Janine y Michael Heymann

39. Canasto con tres figurillas antropomorfas,
siglo XX
Yaka, República Democrática del Congo
Madera, material parecido a la arena y
bejuco
12.7 x 14 x 16.5 cm
1988.44 a-d
Donación del Dr. Gilbert Jackson y Sra.

40. Cráneo de mono envuelto en canasto
(bumba), siglo XX
Vili, Gabón-República Democrática del Congo
Cráneo de mono cinocéfalo, rafia tejida y
materiales rituales
14.6 x 12 cm
1991.71.8
Donación de Janine y Michael Heymann

41. ARTISTA: Nana Osei Bonsu
Figura de pie con una mano en la cadera y
la otra sobre el pecho, siglo XIX-principios
del siglo XX
Asante *(Ashanti)*, Ghana
Madera
35.6 cm
1994.169.3
Donación de Peter y Ann Wengraf

42. Panel de danza *(yata)*, siglo XX
Yoruba, Nigeria
Textil y cuentas de vidrio
24.1 x 27.9 cm
1994.172.1
Donación Anne Mero Adelmann

43. Sonaja ceremonial con figuras zoomorfas
(aghwala), siglo XX
Ijo *(Ijow)*, Nigeria
Madera, semillas y cuerda
47 x 17.8 x 15.2 cm
1995.92.1
Donación de Gail y Alec Merriam

44. Altar antropozoomorfo dedicado a la mano
(ivwri), siglo XX
Isoko o Urhobo, Nigeria
Madera y pigmentos
68.6 x 20.3 x 21.6 cm
1996.12.28
Donación de Michael R. Heide

45. Figura masculina de pie, siglo XX
Chamba, Nigeria
Madera
57.2 x 16.5 x 12.7 cm
1996.12.43.1
Donación de Michael R. Heide

46. Figura femenina de pie, siglo XX
Chamba, Nigeria
Madera
57.2 x 16.5 x 12.7 cm
1996.12.43.2
Donación de Michael R. Heide

47. Recipiente ritual con figura femenina arrodillada, siglo XX
Yoruba, Nigeria
Madera
21.6 x 16.5 x 11.4 cm
1996.12.61
Donación de Michael R. Heide

48. Camisa de cazador (donso duloki), siglo XX
Conjunto Mande, Mali-Guinea
Tela de algodón teñida, cuero, cuernos y garras de diferentes animales
91.4 x 116.8 x 5.1 cm
1996.12.63
Donación de Michael R. Heide

49. Charola de adivinación (opon ifa), siglo XX
Yoruba, Nigeria
Madera
40.6 x 36.8 x 5.1 cm
1996.12.65
Donación de Michael R. Heide

50. Arpa con figura femenina (korikaariye),
siglo XX
Senufo, Costa de Marfil
Madera, piel, calabaza, cordón de rafia y
clavos
35.6 x 31 x 73.7 cm
1996.161.2
Donación de Janine y Michael Heymann

51. Figura femenina sin piernas y posiblemente
embarazada en canasta, siglo XX
Songye o Luba, República Democrática del
Congo
Madera, barro, piel animal, garra y plumas
11.4 x 8.9 cm
1999.142.109
Donación de John Gutmann

52. Oráculo por fricción con cabeza femenina
en un extremo (itombwa), siglo XX
Lele, República Democrática del Congo
Madera y cuerda
17.1 x 25.4 x 4.4 cm
1999.142.123
Donación de John Gutmann

53. Cinturón con colgantes (yet), siglo XX
Bushoong (conjunto Kuba), República Democrática del Congo
Rafia, algodón, cuentas, conchas, vidrio, semillas y cuero
15.2 x 78.7 cm
2000.17.11
Donación de Caroline McCoy-Jones

54. Base de oráculo por fricción en forma de
cerdo (itombwa), siglo XX
Kuba, República Democrática del Congo
Madera
5.1 x 30.5 cm
77.43
Donación del Dr. M. Wallace Friedman y Sra.

55. Figura femenina portando un recipiente
(mboko), siglos XIX-XX
Luba (región Shankadi), República Democrática del Congo
Madera y cuentas de vidrio
45.1 x 16.1 cm
78.42
Fondos de la Fundación de los Fine Arts
Museums

56. Recipiente antropozoomorfo (a-tshol o
ëlëk), siglo XX
Baga, Guinea
Madera, tierra e incrustaciones
48.3 x 20.3 x 72.4 cm
L99.78.230
Colección Loran

57. Figura femenina en una banca, sin piernas
(madebele), siglo XX
Senufo, Costa de Marfil
Madera
36.8 x 11.4 cm
L99.78.57
Colección Loran

58. Figura masculina montando un caballo muy
estilizado (madebele), siglo XX
Senufo, Costa de Marfil
Madera
41.3 x 14 cm
L99.78.62
Colección Loran

59. Figura antropomorfa sobre una pierna con
carga medicinal (biteki m-bwoolu), siglo XX
Yaka, República Democrática del Congo
Madera y concha
17.5 x 4 x 4.1 cm
1980.42.1
Donación de Helen N. y Samuel R. Perry

60. Figura antropomorfa envuelta, de doble cara
y con carga medicinal (phuungu), siglo XX
Yaka, República Democrática del Congo
Madera, cordón, tela, tukula (polvo de corteza de madera roja de Angola) y sustancias medicinales
12.1 x 4.9 x 4 cm
1980.42.15
Donación de Helen N. y Samuel R. Perry

61. Figura estilizada antropomorfa (biteki
m-bwoolu), siglo XX
Yaka, República Democrática del Congo
Madera
16 x 3 x 3 cm
1980.42.4
Donación de Helen N. y Samuel R. Perry

62. Figura de poder antropomorfa con las manos sobre la cintura (nkisi nkondi), siglo XIX
Kongo, República Democrática del Congo
Madera, metal, clavos, ramas, cuerno, vidrio
y sustancias medicinales
82.6 x 30.5 cm
1986.16.1
Donación de la Sra. de Paul L. Wattis y fondo de adquisición de los Fine Arts Museums

63. Figura femenina de poder con carga medicinal, siglos XIX-XX
Songo, Angola
Madera, corteza, cuentas de vidrio, alambre y semillas
19.1 cm
1986.58.3
Donación de Janine y Michael Heymann

64. Figura masculina de pie (incompleta),
    siglo XX
    Luntu *(conjunto Luba)*, República Democrá-
    tica del Congo
    Madera, pigmentos y *tukula* (polvo de cor-
    teza de madera roja de Angola)
    36.8 x 7.6 x 9.2 cm
    1989.64.1
    Donación de Marc y Ruth Franklin

65. Figura femenina de pie con las manos sobre
    el vientre, siglo XX
    Kwese o Pende, República Democrática del
    Congo
    Madera
    20.3 x 5.1 x 5.7 cm
    1989.64.2
    Donación de Marc y Ruth Franklin

66. Figura femenina de pie con aretes y collar,
    siglo XX
    Ngbaka, República Democrática del Congo
    Madera, *tukula* (polvo de corteza de made-
    ra roja de Angola) y metal
    30.5 x 10.2 x 8.9 cm
    1990.14.2
    Donación de Marc y Ruth Franklin

67. Figura de poder antropomorfa desactivada,
    con una cavidad a la altura del vientre
    (butti o nkira ntswo), siglo XX
    Teke, República Popular del Congo o Repú-
    blica Democrática del Congo
    Madera
    21 x 5.1 cm
    1992.48.4
    Donación de Janine y Michael Heymann

68. Figura femenina parada, con dos agujeros
    debajo de los brazos, posiblemente utili-
    zada como amuleto, principios del siglo XX
    Beembe, República Democrática del Congo
    Madera con ojos de porcelana
    18.7 x 6 x 5.1 cm
    1999.142.175
    Donación de John Gutmann

69. Figura antropomorfa parada con carga
    medicinal a la altura del vientre *(nkisi)*,
    siglo XIX
    Yombe *(conjunto Kongo)*, República Demo-
    crática del Congo
    Madera, espejo y sustancias medicinales
    25.1 x 7.6 x 7.3 cm
    1999.142.27
    Donación de John Gutmann

70. Figura masculina doble, siglo XX
    Beembe, República Democrática del Congo
    Madera con ojos de concha
    20.3 x 5.1 x 5.7 cm
    1999.142.29
    Donación de John Gutmann

71. Figura femenina de pie *(nkisi)*, siglos XIX-XX
    Kongo, República Democrática del Congo
    Madera con ojos de vidrio
    27 x 10.2 x 8.3 cm
    1999.142.3
    Donación de John Gutmann

72. Figura masculina sin mano derecha y con
    el torso amarrado, principios del siglo XX
    Beembe, República Democrática del Congo
    Madera, cáñamo, metal, cuentas y sustan-
    cias medicinales
    24.8 x 9.2 x 8.9 cm
    1999.142.32
    Donación de John Gutmann

73. Figura masculina sentada con carga medi-
    cinal a la altura del vientre y en la cabeza
    (nkisi), siglo XIX
    Kongo, República Democrática del Congo
    Madera, resina, ojos de porcelana y sustan-
    cias medicinales
    21.6 x 8.9 x 7.9 cm
    59.12.11
    Donación de Henry J. Crocker

74. Figura andrógina, siglo XX
    Conjunto Luba, República Democrática del
    Congo
    Madera
    15.9 cm
    59.12.9
    Donación de Henry J. Crocker

75. Figura de poder antropomorfa *(nkisi)*,
    siglo XIX
    Songye, República Democrática del Congo
    Madera *(abura)*, latón, piel de serpiente y
    conchas caoríes
    61 x 12.7 x 12.7 cm
    71.16
    Fondo de Arte Fiduciario del Museo M. H.
    de Young Museum

76. Figura de poder antropomorfa envuelta, con
    carga medicinal *(nkira ntswo)*, siglo XX
    Teke, República Popular del Congo o Repú-
    blica Democrática del Congo
    Madera, tela, arcilla y sustancias medi-
    cinales
    24.1 x 10.2 cm
    75.4
    Donación de Harvey y Anuscha Menist

77. Figura de poder andrógina *(nkisi)*, siglo XX
    Songye, República Democrática del Congo
    Madera y metal
    27.3 x 10.2 x 7.6 cm
    L99.78.201
    Colección Loran

78. Figura antropomorfa de poder con cabeza
    cónica *(luumbu m-mbwoolu)*, siglo XX
    Yaka, República Democrática del Congo
    Madera
    26.7 x 5.1 x 3.8 cm
    L99.78.206
    Colección Loran

CEREMONIAS AGRÍCOLAS
Entre el orden y el caos

79. Máscara con tocado plancha *(nwantantay)*,
    siglo XX
    Bwa, Burkina Faso
    Madera, pintura y rafia
    190.5 x 34.3 x 12.7 / 261 x 37.9 x 27 cm
    1980.24.1
    Fondo de Donación William H. Noble

80. *Máscara-yelmo que representa un halcón con traje completo de fibras (wan-silga),* siglo xx
Mossi, Burkina Faso
Madera, pintura y rafia
179.1 x 64 x 53 cm
1980.24.2 a-b
Fondo de Donación William H. Noble

81. Máscara con penacho *(wan-zega),* siglo xx
Mossi *(región Boulsa),* Burkina Faso
Madera, pigmentos y rafia
97.8 x 25.4 x 22.9 cm
1988.28
Donación anónima

82. Tocado que representa un antílope muy estilizado *(chiwara kun),* siglo xix
Bamana, Mali
Madera
45.1 x 11.4 cm
1989.25.1
Donación de Paul Breslow y Sra.

83. Tocado que representa un búfalo, principios del siglo xx
Mama, Nigeria
Madera y pigmentos
41.9 x 26.7 x 22.9 cm
1991.87.3
Donación de John y Monica Haley

84. Máscara de antílope *(karikpo),* mediados del siglo xx
Ogoni, Nigeria
Madera
45.7 x 14 x 9.5 cm
1991.87.5
Donación de John y Monica Haley

85. Tocado en forma de pez sierra con canasto, mediados del siglo xx
Ijo *(Ijaw),* Nigeria
Madera, pintura, tela, clavos y fibras de caña
27.9 x 96.5 x 22.9 cm
1991.87.6
Donación de John y Monica Haley

86. Tocado horizontal que representa un antílope *(chiwara kun),* siglo xx
Bamana, Mali
Madera y metal
41.3 x 17 x 73 cm
1991.90
Colección Loran

87. Máscara de antílope *(karikpo),* siglo xx
Ogoni, Nigeria
Madera y pigmentos
72.4 x 17.8 x 10.2 cm
1996.12.14
Donación de Michael R. Heide

88. Máscara de antílope *(karikpo),* siglo xx
Ogoni, Nigeria
Madera y pigmentos
36.8 x 17.8 x 8.9 cm
1996.12.15
Donación de Michael R. Heide

89. Máscara de carnero *(karikpo),* siglo xx
Ogoni, Nigeria
Madera y pigmentos
26.7 x 20.3 x 14 cm
1996.12.16
Donación de Michael R. Heide

90. Tocado antropozoomorfo que representa un espíritu del agua, siglo xx
Ijo *(Ijaw),* Nigeria
Madera
31.3 x 22.1 x 94.5 cm
1996.12.17
Donación de Michael R. Heide

91. Máscara antropozoomorfa que representa una mujer Peul *(wan-balinga),* siglo xx
Mossi *(región Ouagadougou),* Burkina Faso
Madera y pigmentos
40.5 x 20.3 x 17.8 cm
1996.12.3
Donación de Michael R. Heide

92. Máscara zoomorfa que representa un pato, siglo xx
Nunuma, Burkina Faso
Madera y pigmentos
40.6 x 41.9 x 27.9 cm
1996.12.31
Donación de Michael R. Heide

93. Tocado compuesto que representa un espíritu del agua *(agbo o ekine),* principios del siglo xx
Yoruba, Nigeria
Madera, pigmentos, espejos y metal
32.5 x 29.1 x 121 cm
76.12.1
Compra del Museo

94. Tocado que representa un antílope hembra *(chiwara kun),* siglo xx
Bamana, Mali
Madera
65.7 x 6 x 23.2 cm
L99.78.142
Colección Loran

95. Máscara-tocado femenino para ser sostenido sobre los hombros *(d'mba o ninba),* siglos xix-xx
Baga, Guinea
Madera
106.7 x 55.9 cm
L99.78.2
Colección Loran

96. Tocado que representa un antílope *(zazaido),* siglo xx
Mossi, Burkina Faso
Madera, pigmentos y rafia
33 x 24.1 cm
L99.78.26
Colección Loran

97. Tocado compuesto con cuerpo de cerdo hormiguero y pangolín, cuernos de antílope y una figura femenina al frente *(chiwara kun),* siglo xx
Mossi, Burkina Faso
Madera
29.2 x 14 cm
L99.78.58
Colección Loran

OCULTOS BAJO LA MÁSCARA
Las reglas del secreto

98. Máscara-tocado antropomorfo con dos mujeres cargando canastos articulados en la cabeza *(gelede)*, siglo XX
Yoruba, Nigeria
Madera, pintura y fibra
49.5 x 25.4 cm
71.20
Compra del Museo

99. Máscara-yelmo antropomorfo con cuernos de carnero hacia atrás del yelmo *(cikwanga)*, siglos XIX-XX
Luntu *(conjunto Luba)*, República Democrática del Congo
Madera, pelo y pigmentos
34.3 x 35.6 x 24 cm
78.62
Fondo de Donación Marcia McDonald

100. Máscara-yelmo zoomorfo con elementos sobrepuestos *(del tipo wabele)*, siglo XX
Senufo, Costa de Marfil
Madera, cuernos, concha, cuerda y material sacrificial
55.3 x 55.3 cm
1982.134
Donación de los niños Silverman en memoria de su madre, Nancy J. Silverman

101. Máscara facial zoomorfa de la sociedad Kore que representa una hiena, siglo XX
Bamana, Mali
Madera
36.8 x 22.2 x 14.6 cm
1985.36
Fondo Phyllis Wattis

102. Máscara-casco antropomorfa de la sociedad Ngili, siglos XIX-XX
Fang, Gabón
Madera, pintura y espejos
55.9 x 22.5 x 24 cm
1995.91
Donación de la familia Kuhn en honor de Blossom y Dwight Strong

103. Máscara-casco antropomorfa de la sociedad Ngili, fines del siglo XIX
Fang, Gabón
Madera y pigmentos
49.5 x 27.9 x 29.8 cm
55384
Donación del Dr. Siegfried Aram

104. Máscara facial antropozoomorfa con mandíbula articulada, siglo XX
Sapo, Liberia
Madera, conchas caoríes, dientes de leopardo, metal, piel y tela
68.6 x 25.4 x 20.3 cm
1979.45
Fondo de la Sra. de Paul L. Wattis

105. Máscara antropozoomorfa miniatura en una bolsa, siglo XX
Loma *(Toma)*, Guinea-Liberia
Madera, fibra, sangre seca y piel de cabra
22.5 x 7 / 19.1 x 9.5 x 5.6 cm
1981.21.4a-b
Fondo de Adquisición AOA

106. Máscara antropomorfa miniatura *(ma go)*, siglo XX
Bassa, Liberia
Madera
3.2 x 2.5 cm
1981.21.5
Fondo de Adquisición AOA

107. Yelmo-tocado zoomorfo compuesto *(komo kun)*, siglo XX
Bamana, Mali
Madera, cuernos de diferentes antílopes, púas de puercoespín y material sacrificial
39.5 x 20 x 70 cm
1982.94
Donación de Dean C. Barnlund

108. Figura antropomorfa de pie con los brazos levantados de la sociedad Bwami *(kasungalala)*, siglo XIX
Lega, República Democrática del Congo
Madera y caolín
30.5 x 8.3 cm
1986.16.5
Fondo de la Sra. de Paul L. Wattis

109. Máscara-yelmo masculino con tocado de cuentas, siglo XX
Kom, Camerún
Madera, pigmentos, fibra y cuentas
40.6 x 29.2 x 26.7 cm
1986.57.5
Donación de John Casado

110. Máscara que representa un elefante con tocado en forma de leopardo de la sociedad Kwosi, siglo XX
Bamileke, Camerún
Tela, madera y cuentas
86.4 x 58.4 x 16.5 cm
1986.57.6 a-b
Donación de John Casado

111. Máscara masculina recubierta de hojas de cobre de la sociedad Ibukulu *(mukinka)*, siglo XX
Salampasu, República Democrática del Congo
Madera, cobre y rafia
33 x 31 x 24.4 cm
1986.58.1
Donación de Janine y Michael Heymann

112. Máscara antropomorfa con mandíbula articulada de la sociedad Ekpo, siglo XX
Ibibio, Nigeria
Madera y piel
36.5 x 23 x 16.5 cm
1986.64.2
Donación de Marc y Ruth Franklin

113. Máscara femenina con boca protuberante en forma de estrella *(kifwebe)*, siglo XX
Songye, República Democrática del Congo
Madera y pigmentos
43.8 x 21 x 15.2 cm
1987.36
Donación del Profesor Max Alfert y Sra.

114. Máscara antropomorfa de la sociedad Bwami *(lukwakongo)*, siglos XIX-XX
Lega, República Democrática del Congo
Madera, caolín y fibra
22.2 x 13.3 cm
1987.9.1
Donación de Herbert y Nancy Baker

115. Figura masculina que representa un colgado de la sociedad Lilwa (ofika), siglo XX
Mbole, República Democrática del Congo
Madera y pigmento blanco
38.1 x 9.5 x 9.5 cm
1988.31.2
Donación de Marc y Ruth Franklin

116. Máscara zoomorfa que representa un mono
(kagle o kaogle), siglo XX
Dan, Costa de Marfil
Madera
22.1 x 14 x 9 cm
1990.14.3
Donación de Marc y Ruth Franklin

117. Máscara antropomorfa (eket), siglo XX
Ibibio, Nigeria
Madera y pigmentos
22.2 x 17.8 x 13 cm
1991.91.10
Donación de James Ludwig y Sra. en honor
a Alexandra K. Phillips

118. Máscara abstracta llamada "machete de
ñame" (mma ji), siglo XX
Igbo-Afikpo, Nigeria
Madera y pintura
47 x 8.3 x 11.4 cm
1994.28.18
Donación de Dean C. Barnlund

119. Máscara abstracta que representa un pájaro,
siglo XX
Igbo (región norte), Nigeria
Madera
78.7 x 12.7 x 25.4 cm
1996.12.25
Donación de Michael R. Heide

120. Máscara-tocado de antílope (kamalen so-
go kun), siglo XX
Bamana, Mali
Madera
34.3 x 55.9 x 71.1 cm
1996.12.39
Donación de Michael R. Heide

121. Máscara antropomorfa con cabeza femenina sobre la frente, siglo XX
Marka o Bamana, Mali
Madera
41.9 x 20.3 x 16.5 cm
1996.12.42
Donación de Michael R. Heide

122. Tocado en forma de pájaro, siglo XX
Wum o Bali, Camerún
Madera y pigmentos
22.9 x 63.5 x 25.4 cm
1996.12.72
Donación de Michael R. Heide

123. Máscara-casco masculina (mabu), siglo XX
Wum, Camerún
Madera, pigmentos y alambre
33 x 30.5 x 20.3 cm
1996.12.73
Donación de Michael R. Heide

124. Máscara-casco femenina (ngoin), siglo XX
Kom, Camerún
Madera
33 x 25.4 x 27.9 cm
1996.12.8
Donación de Michael R. Heide

125. Máscara-casco masculina (kam), siglo XX
Wum o Fungom, Camerún
Madera
24.1 x 30.5 x 25.4 cm
1996.12.9
Donación de Michael R. Heide

126. Elemento corporal de una máscara gelede
para colocarse en la espalda, siglo XX
Yoruba, Nigeria
Madera, textil, metal y pintura
41.9 x 38.7 x 17.1 cm
1996.39
Compra del Museo

127. Figura masculina de colgado sobre una placa de la sociedad Lilwa (ofika), siglo XX
Mbole, República Democrática del Congo
Madera y pigmentos
63.5 x 12.7 x 8.9 cm
1999.132.3
Donación de Dwight y Blossom Strong

128. Máscara antropozoomorfa miniatura
(ma go), siglo XX
Dan o Mano, Liberia
Madera, metal y piel animal
11.1 x 6.7 x 6.7 cm
1999.142.22
Donación de John Gutmann

129. Máscara antropomorfa miniatura, siglo XX
Loma (Toma), Guinea-Liberia
Madera y metal
11.4 x 4.4 x 4.1 cm
1999.142.23
Donación de John Gutmann

130. Figura femenina sentada con mandíbula articulada, posiblemente parte de una máscara (del tipo ogbom), siglo XX
Ogoni, Nigeria
Madera, pigmentos, metal, cuerda y tela
57.8 x 19.7 x 15.9 cm
1999.142.41
Donación de John Gutmann

131. Máscara antropomorfa con peinado tren-
zado (gunyege o zakapai ge), siglo XX
Dan, Liberia
Madera, tela y fibras
26 x 17.8 x 10.2 cm
1999.142.53
Donación de John Gutmann

132. Tocado en forma de pájaro con bordados de
cuentas, siglos XIX-XX
Bamileke, Camerún
Cuentas de vidrio, conchas caoríes, madera
y tela
22.9 x 21.6 x 66 cm
71.5
Fondo de Arte Fiduciario del Museo M. H.
de Young

133. Máscara de la sociedad Poro en forma de
pájaro calao (ge go), siglo XIX
Mano, Liberia
Madera, metal, tela, fibra, tinta y material
sacrificial
30.5 x 14.6 x 38.1 cm
73.9
Donación de la Sociedad Auxiliar del Museo

134. Figura masculina de pie, con detalles circulares, participa en los rituales *Kinsamba* de
la sociedad *Bwami*
Lega, República Democrática del Congo
Marfil
13.2 cm
75.71.3
Donación anónima

135. Tocado cubierto con piel en forma de cabeza humana, siglo XX
Ejagham *(Ekoi)*, Nigeria
Madera, piel de antílope, ratán, lana, pigmentos, metal y canasto
32.1 x 22.1 x 24.9 cm
77.33
Donación del Sr. Ralph Spiegl y Sra.

136. Máscara facial antropomorfa con una prolongación como pico de pájaro (del tipo
koma ba), siglos XIX-XX
Tura o Mau, Costa de Marfil
Madera
53 x 17.9 x 12.5 cm
78.37
Fondo de Arte Fiduciario del Museo M. H.
de Young

137. Máscara antropomorfa con tocado del tipo
deangle, siglo XX
Dan o We, Liberia
Madera, pigmento, plumas y fibra
40.6 x 25.4 cm
78.40
Fondo de Donación Salinger

138. Figura masculina utilizada como tocado de
máscara *(ogbom)*, siglo XX
Ibibio, Nigeria
Madera, pigmentos e hilo
64.1 cm
78.82
Colección Loran

139. Máscara antropozoomorfa *(ge gon)*,
siglos XIX-XX
Dan, Liberia
Madera, monedas y piel de mono
22.9 x 15.2 x 10.2 cm
78.88
Fondo de la Sra. de Paul L. Wattis

140. Escultura de pájaro calao de la sociedad Po-
ro *(poropianong o sejen)*, siglo XX
Senufo, Costa de Marfil
Madera
141.9 x 59.1 x 44 cm
L99.78.1
Colección Loran

141. Máscara facial antropomorfa en forma de
corazón del culto *Beete*, siglo XX
Kwele, Gabón-República Popular del
Congo
Madera y pigmentos
28.9 x 19.1 x 9.5 cm
L99.78.146
Colección Loran

142. Máscara facial antropomorfa con plancha
horizontal *(mma mba)*, siglo XX
Igbo-Afikpo, Nigeria
Madera, pigmentos y rafia
45 x 8.9 x 13.7 cm
L99.78.148
Colección Loran

143. Máscara antropozoomorfa, siglo XX
Ngere *(We)*, Liberia-Costa de Marfil
Madera, pelo y rafia
26.7 x 14.6 x 10.2 cm
L99.78.222
Colección Loran

144. Tocado antropomorfo cubierto con piel, con
un tocado en forma de pájaro, siglo XX
Ejagham *(Ekoi)*, Nigeria
Madera, piel de antílope, vidrio y ratán
33 x 15.2 cm
L99.78.63
Colección Loran

Los adornos del rey
Diferenciación social

145. Bastón de mando con cabeza antropomorfa en un extremo, ca. 1920-1940
Tsonga, Sudáfrica
Madera, cobre, hierro y plomo
96.5 x 5.7 cm
45549
Donación de Gregory E. H. Lestock

146. Boubou azul bordado en verde con motivo
de *"ocho cuchillos"*, siglo XX
Hausa, Nigeria
Tejido, bordado y adamascado
144.8 x 243.8 cm
1979.64.36
Fondo de Adquisición AOA

147. Trompeta de jefe de alto rango, siglo XIX
Mende o Sherbro, Sierra Leona
Marfil y plata
81.3 x 14.6 cm
1981.20
Fondo de Donación William H. Noble

148. Procesión ceremonial de un rey con despliegue de su corte, siglo XX
Fon, República de Benin
Bronce (aleación de cobre) y madera
15.2 x 31.8 x 59.7 cm
1981.21.26
Fondo de Adquisición AOA

149. Bastón de mando labrado con dos figuras
antropomorfas *(izinduku)*, siglo XX
Zulú, Sudáfrica
Madera, concha y bronce
95.3 x 95.3 x 4.4 cm
1981.45
Fondo de Donación Joseph M. Bransten

150. Cetro de danza en honor a *Eshu*, siglo XX
Yoruba, Nigeria
Madera, piel, fibra y tela
40 x 8.6 x 22.2 cm
1985.62
Colección Loran

151. Espantamoscas con figura femenina como
mango, siglo XX
M'Bala, República Democrática del Congo
Madera, metal, pelo y fibra
43.2 x 6.4 cm
1985.97.2
Donación de Marc y Ruth Franklin

152. Altar en honor a la Mano *(ikenga)*, siglo XX
Igbo, Nigeria
Madera
63.5 x 16.5 x 15.2 cm
1986.68.1
Colección Loran

153. Portaflechas de tres ramas con figura femenina, principios del siglo XX
Luba, República Democrática del Congo
Madera y cristal de roca
41 x 12.1 x 9 cm
1991.13
Fondo de adquisición de la Fundación de los
Fine Arts Museums y fondo de varios donadores

154. Abanico ceremonial con figura de lagarto,
siglo XX
Yoruba, Nigeria
Tela, cuentas y conchas
56.5 x 36.8 cm
1991.84
Donación de Anne Mero Adelmann

155. Azada ceremonial, siglo XX
Pende, República Democrática del Congo
Madera y hierro
41.3 x 5.1 x 20.3 cm
1991.91.2 a-b
Donación de James Ludwig y Sra. en honor
a Alexandra K. Phillips

156. Cetro de danza antropomorfo (ose sango),
siglo XIX
Yoruba, Nigeria
Madera
76.2 x 29.2 x 10.2 cm
1994.131
Donación de varios donadores

157. Trompeta de jefe, siglos XIX-XX
Mende, Sierra Leona
Marfil
14.9 x 77.9 x 9 cm
1994.169.1
Donación de Peter y Ann Wengraf

158. Trompeta ceremonial (tawon), siglo XX
Mambila, Camerún
Madera
124.5 x 14 x 14 cm
1996.12.34
Donación de Michael R. Heide

159. Bastón de mando con figura femenina,
siglo XX
Mende, Sierra Leona
Madera, pintura, metal y fibra
86.4 x 5.1 x 5.1 cm
1996.12.50
Donación de Michael R. Heide

160. Azada ceremonial, siglo XX
Chokwe, Angola
Madera, acero y bronce
36.5 x 7 x 17 cm
57.13.23
Donación de Axel M. Peterson

161. Hacha ceremonial con figura femenina en el
mango, siglos XIX-XX
Chokwe, Angola
Madera, acero y bronce
38.7 x 2.2 x 22.1 cm
57.13.24
Donación de Axel M. Peterson

162. Escultura femenina (lu me), siglos XIX-XX
Dan, Costa de Marfil
Madera, metal, rafia y pigmentos
44.5 x 13 cm
71.26
Fondo de Arte Fiduciario del Museo M. H.
de Young

163. Cetro con figuras zoomorfas (récade),
siglo XX
Fon, República de Benin
Madera y bronce
62.7 x 39.5 x 3.8 cm
75.29.2
Donación del Dr. Robert Kuhn y Sra.

164. Tela de tiras (kente), siglo XX
Asante (Ashanti), Ghana
Urdimbre de algodón y trama de seda
346 x 111.8 cm
75.3.11
Fondo de Adquisición AOA

165. Bastón con pájaro (osun para Osanyin),
siglo XX
Yoruba, Nigeria
Hierro
52.1 x 17.5 x 23.5 cm
76.12.2
Compra del Museo

166. Adorno para la cintura en forma de cabeza
de leopardo, fines del siglo XVIII
Edo, Reino de Benin, Nigeria
Bronce, con incrustaciones en hierro y
cobre
16.5 x 10.8 cm
76.8
Fondo de Donación Salinger

167. ARTISTA: Ali Amonikoyi
Escena de caza, 1905
Fon, República de Benin
Bronce (aleación de cobre)
17.1 x 30.8 x 7.6 cm
77.19
Fondo de Donación Salinger

168. Bastón con pájaro sobre una rueda (osun
para Osanyin), siglo XX
Yoruba, Nigeria
Hierro
47 x 17.8 cm
L99.78.139
Colección Loran

169. Azada ceremonial, siglos XIX-XX
Dogón, Mali
Madera y metal
72.1 x 2.5 x 22.9 cm
L99.78.154
Colección Loran

170. Bastón de mando en forma de mujer
(ndwang), siglos XIX-XX
Mbunn, República Democrática del Congo
Madera y metal
86 x 8.6 x 6 cm
L99.78.155
Colección Loran

171. Procesión ceremonial, siglo XX
Fon, República de Benin
Bronce (aleación de cobre) y madera
20.3 x 57.2 x 21.6 cm
1982.93
Donación del Profesor David Ames

172. Faldilla con cinco flecos y decoración geométrica *(jocolo)*, siglo XX
Ndebele, Sudáfrica
Cuero y cuentas
63 x 52.2 x 1.4 cm
1997.43.2
Donación del Dr. Ralph Spiegl y Sra.

173. Silla, siglo XX
Grebo, Liberia
Madera
39.4 x 52.1 x 31.8 cm
1981.21.27
Fondo de Adquisición AOA

174. Silla ceremonial con cariátide *(kihoma)*,
siglo XX
Hemba-Luba *(jefatura Kasongo-Nyembo)*,
República Democrática del Congo
Madera
55.9 x 37.5 cm
1991.71.1
Donación de Janine y Michael Heymann

175. Silla de jefe en forma de dos piernas con
balón, ca.1920-1930
Fante, Ghana
Madera
44 x 63 x 32.1 cm
1999.12
Fondo de adquisición del Consejo del Voluntariado

176. Silla con tres patas, siglo XX
Bwa o Lobi, Burkina Faso
Madera
12.7 x 69.9 x 29.8 cm
1999.142.196
Donación de John Gutmann

177. Silla de jefe con patas y respaldo tallados
(tshitwamo tsha mangu), siglos XIX-XX
Chokwe, Angola
Madera y piel de antílope
53.3 x 27.9 x 26 cm
57.13.18
Donación de Axel M. Peterson

178. Sombrero con alfiler *(laket)*, ca. 1950-1960
Kuba, República Democrática del Congo
Rafia, pigmentos y latón
11 x 24 x 16 cm
1982.49.1
Donación del Sr. Willis Piper y Sra.

179. Sombrero con plumas moradas y negras,
siglo XX
Posiblemente Tikar, Camerún
Fibras y plumas
54.9 x 72.1 cm
1982.6
Donación del Profesor David Ames

180. Sombrero de mujer casada *(isicholo)*,
siglo XX
Zulú, Sudáfrica
Ramitas de higuera, pelo humano, algodón
y ocre rojo
7.6 x 54 cm
1990.68
Donación en memoria de Mary Zoerner

181. Sombrero de jefe *(misango mapende)*,
siglo XX
Pende, República Democrática del Congo
Cuentas de vidrio con base de cestería y
cuero
15.2 x 39.5 cm
1996.170.1
Donación de Cathryn Marcho Cootner en
honor a Caroline McCoy-Jones

182. Tocado para máscara o peluca, siglos XIX-XX
Chokwe, Angola
Fibra y cuentas de vidrio
16.5 x 20 x 24 cm
57.13.20
Donación de Axel M. Peterson

183. Elemento de corona con figuras de pájaro,
siglo XX
Yoruba, Nigeria
Madera, piel, tela y cuentas de vidrio
27.3 x 12.7 cm
L99.78.239
Colección Loran

EL ARTE DE VIVIR
Significados de lo cotidiano

184. Paño de corteza, siglo XX
M'buti, República Democrática del Congo
Corteza y pigmentos
73.7 x 67.3 cm
1991.66
Compra del museo

185. Falda ceremonial de mujer *(ntshala)*,
ca.1950-1960
Kuba, República Democrática del Congo
Textil liso de rafia con aplicaciones
72 x 258.5 cm
1997.16
Fondo Laurende Klein y Margarette Fisher

186. Cucharón ritual doble para servir arroz
(wunkirmian), siglos XIX-XX
Dan, Liberia
Madera
71.8 x 20.3 cm
1981.8
Fondo de Donación William H. Noble

187. Recipiente de calabaza, siglo XX
Peul *(Fulani)*, Níger o Camerún
Calabaza
26.7 x 45.7 x 38.1 cm
1982.116.1
Donación de la Sra. de Paul L. Wattis

188. Recipiente doble, siglo XX
Nupe, Nigeria
Cerámica
43 x 35.2 cm
1982.51.1
Donación del Profesor David Ames y Sra.

189. Vaso para vino de palma con mango antro-
     pomorfo *(kyopa)*, siglo XX
     Yaka, República Democrática del Congo
     Madera
     25.4 x 7 x 6 cm
     1987.29.2
     Donación de Janine y Michael Heymann

190. Figura femenina de pie con los brazos
     levantados sosteniendo un recipiente,
     siglo XX
     Manyanga o Kongo, República Democrática
     del Congo
     Madera, concha, cuerda y pelo animal
     25.1 x 5.7 cm
     1989.64.3
     Donación de Marc y Ruth Franklin

191. Paño de corteza, siglo XX
     M'buti, República Democrática del Congo
     Corteza y pigmentos
     86 x 26 cm
     1990.33.4
     Donación de Alfred y Diane Wilsey

192. Cachimba o cazoleta de pipa antropomor-
     fa, siglo XX
     Kuba, República Democrática del Congo
     Madera y metal
     15.5 x 11.4 x 54 cm
     1992.73
     Donación del Dr. Ralph Spiegl y Sra.

193. Peine con cabeza femenina en el mango,
     siglo XX
     Baule, Costa de Marfil
     Madera
     22.9 x 7.3 x 1.9 cm
     1994.174.5
     Donación de James y Eileen Ludwig

194. Recipiente con tapa en forma de cabeza an-
     tropomorfa, siglo XX
     Zaramo, Tanzania
     Madera, calabaza, piel y cordón
     26 x 10.5 x 13 cm
     1994.28.20
     Donación de Dean C. Barnlund

195. Flauta, siglo XX
     Nuna o Bwa, Burkina Faso
     Madera
     52.1 cm
     1994.28.24
     Donación de Dean C. Barnlund

196. Flauta, siglo XX
     Nuna, Burkina Faso
     Madera
     17.8 x 3.8 x 2.5 cm
     1994.28.41
     Donación de Dean C. Barnlund

197. Cerrojo con dos figuras antropomorfas,
     siglo XX
     Dogón, Mali
     Madera
     21.6 x 17.8 x 3.2 cm
     1994.28.48
     Donación de Dean C. Barnlund

198. Recipiente ritual con tapa *(del tipo woota
     Eyinle)*, siglo XX
     Yoruba, Nigeria
     Terracota
     57 x 47.9 cm
     1994.8 a–b
     Donación de Dean C. Barnlund

199. Vasija en forma de cabeza femenina con de-
     formación craneana, principios del siglo XX
     Mangbetu, República Democrática del
     Congo
     Terracota y pintura esmaltada
     26 x 14 cm
     1995.1
     Donación de James y Eileen Ludwig

200. Recipiente para nueces de cola con la figu-
     ra de un perro en la tapa, siglo XX
     Yoruba, Nigeria
     Madera y pigmentos
     43.2 x 16.5 x 19.1 cm
     1996.12.29 a–b
     Donación de Michael R. Heide

201. Puerta de granero con cerrojo y figuras an-
     tropomorfas en relieve, siglo XX
     Dogón, Mali
     Madera y metal
     43.2 x 48.3 x 15.2 cm
     1996.12.47
     Donación de Michael R. Heide

202. Recipiente para nueces de cola con cabe-
     zas antropomorfas en la tapa *(okwa oji)*,
     siglo XX
     Igbo, Nigeria
     Madera
     39.4 x 39.4 x 22.9 cm
     1996.12.58
     Donación de Michael R. Heide

203. Estuche para espejo *(falta espejo)*, siglo XX
     Yoruba, Nigeria
     Madera
     33 x 22.9 x 11.4 cm
     1996.12.67
     Donación de Michael R. Heide

204. Flauta *(nkonkan)*, siglo XX
     Nuna o Bwa, Burkina Faso
     Madera
     33 x 15.2 x 3.2 cm
     1999.132.5
     Donación de Dwight y Blossom Strong

205. Sonaja de caza para perro, principios del
     siglo XX
     Luba, República Democrática del Congo
     Madera, conchas caoríes, piel de leopardo
     y cuerda
     8.9 x 8.9 x 8.9 cm
     1999.142.17 a–b
     Donación de John Gutmann

206. Copa doble *(kopa)*, siglo XX
     Suku *(región norte)*, República Democrática
     del Congo
     Madera
     6.4 x 11 x 5.7 cm
     1999.142.88 B
     Donación de John Gutmann

207. Peine, siglo XX
Kuba, República Democrática del Congo
Madera y fibra
25.4 x 10.2 cm
57.13.22
Donación de Axel M. Peterson

208. Tabaquera con cariátide femenina, siglo XIX
Chokwe, Angola
Madera, cobre, cuentas y piel
23.5 cm
59.12.8
Donación de Henry J. Crocker

209. Cachimba o cazoleta de pipa en forma de
búfalo, fines del siglo XIX
Zulú, Sudáfrica
Terracota
5.7 cm
73.15.1
Donación de la Sra. Henley Miller

210. Copa de cuerno con decoraciones en relieve, siglo XX
Mum, Camerún
Cuerno, posiblemente de búfalo
24.1 x 7.6 cm
75.3.3
Fondo de Adquisición AOA

211. Recipiente para polvos aromáticos, hecho
con caparazón de tortuga, siglo XX
Gwi o !Kung, Botswana
Caparazón de tortuga, cuero y cuentas
9.5 x 6.4 cm
76.14.20
Donación de Charles Frankel y Sra.

212. ARTISTA: Zon
Tablero de juego (ma kpon), siglo XX
Dan, Liberia
Madera
12.7 x 15.2 x 80 cm
78.89
Fondo de adquisición Phyllis L. Wattis

213. Peine con cabeza femenina en el mango,
siglo XX
Asante (Ashanti), Ghana
Madera
33 x 10.5 x 2.5 cm
L99.78.180
Colección Loran

214. Apoyacabeza doble, siglo XIX
Kuba, República Democrática del Congo
Madera
17.1 x 57.8 cm
2114
Exposición Internacional California Midwinter

215. Apoyacabeza (mutsago), fines del siglo XIX
Shona, Zimbabwe
Madera
16.5 x 20.3 x 5.1 cm
8649
Donación de Dora Hahn

216. Apoyacabeza (mutsago), fines del siglo XIX
Shona, Zimbabwe
Madera
16 x 20.5 x 9 cm
37139
Donación de George Haviland

217. Apoyacabeza labrado (mutsago), siglos
XIX–XX
Shona, Zimbabwe
Madera y metal
14 x 17.1 cm
76.9.1
Varios donadores

218. Par de aretes (kwottenai kanye), siglo XX
Peul (Fulani), Mali
Hoja de oro de 24 kilates e hilo de algodón
14 x 14 x 13 cm
1979.63.25 a-b
Fondo de adquisición Phyllis Wattis

219. Pendiente con cadena (korwol), siglo XX
Peul (Fulani) o Wolof, Senegal
Oro
7 x 12 x 7 cm
1979.63.53
Fondo de adquisición Phyllis Wattis

220. Brazalete, siglo XX
Tuareg, Níger
Plata
7 x 9 cm
L74.45.10
Préstamo de Peter y Nancy Mickelsen

221. Par de aretes, siglo XX
Tuareg, Níger
Plata
6 x 8 cm
L74.45.11 a-b
Préstamo de Peter y Nancy Mickelsen

222. Collar con relicario, siglo XX
Tuareg, Níger
Plata y cordones
7 x 9 cm
L74.45.12
Préstamo de Peter y Nancy Mickelsen

223. Cruz de Zinder, siglo XX
Tuareg, Níger
Plata
6 x 3 cm
L74.45.3
Préstamo de Peter y Nancy Mickelsen

224. Collar con cuentas y cruz de In Gall, siglo XX
Tuareg, Níger
Plata y cuentas
44 x 7.5 cm
L74.45.8
Préstamo de Peter y Nancy Mickelsen

225. Cruz, siglo XX
Tuareg, Níger
Plata y cordón
6.4 x 1.3 cm
1979.64.10
Fondo de Adquisición AOA

226. ARTISTA: El Hadj Saidi Oumba
Cruz de In Gall, siglo XX
Tuareg, Níger
Plata con piedra o vidrio rojo
0.2 x 3.5 x 4.9 cm
1979.64.11 d
Fondo de Adquisición AOA

227. Artista: El Hadj Saidi Oumba
Cruz de Agadez, siglo xx
Tuareg, Níger
Plata
7 x 4 x 0.2 cm
1979.64.11 e
Fondo de Adquisición AOA

228. Artista: El Hadj Saidi Oumba
Cruz (barchekeia), siglo xx
Tuareg, Níger
Plata
6.2 x 6 x 0.2 cm
1979.64.11 l
Fondo de Adquisición AOA

229. Artista: El Hadj Saidi Oumba
Cruz (barchekeia), siglo xx
Tuareg, Níger
Plata
6.2 x 3.5 x 0.3 cm
1979.64.11 v
Fondo de Adquisición AOA

230. Cruz (tanfuk), siglo xx
Tuareg, Níger
Ágata
8.5 x 3.8 cm
1979.64.34
Fondo de Adquisición AOA

231. Pendiente de tres triángulos, siglo xx
Tuareg, Níger
Plata
38.1 x 14 x 0.3 cm
1981.21.24
Fondo de Adquisición AOA

232. Cruz, siglo xx
Etiopía
Plata
5.9 x 5.9 cm
1979.67.37
Donación de George Fitch y Sra.

233. Cruz, siglo xx
Etiopía
Plata
9 x 7 x 0.8 cm
1979.67.38
Donación de George Fitch y Sra.

234. Cruz, siglo xx
Etiopía
Plata
5.9 x 5 cm
1979.67.4
Donación de George Fitch y Sra.

235. Cruz, siglo xx
Etiopía
Plata
7.6 x 4.4 cm
1979.67.54
Donación de George Fitch y Sra.

236. Cruz, siglo xx
Etiopía
Plata
7.6 x 4.2 cm
1979.67.55
Donación de George Fitch y Sra.

237. Brazalete, siglo xx
Etiopía
Aleación de cobre bañado en plata
5.4 x 4.1 cm
1979.67.80
Donación de George Fitch y Sra.

238. Brazalete, siglo xx
Etiopía
Plata
6.4 x 4.1 cm
1979.67.81
Donación de George Fitch y Sra.

239. Pendiente-relicario, siglo xx
Etiopía
Plata
8.3 x 4.8 x 1 cm
1979.67.82
Donación de George Fitch y Sra.

240. Pendiente, siglo xx
Etiopía
Plata y vidrio
7 x 2.9 x 1.6 cm
1979.67.83
Donación de George Fitch y Sra.

241. Adorno para el cuello, siglo xix
Zulú, Sudáfrica
Cuentas y botones de latón
33 x 19.7 cm
2170
Exposición Internacional California Midwinter

242. Collar tubular, fines del siglo xix
Zulú, Sudáfrica
Fibra, piel y cuentas
43.2 cm
73.15.3
Donación de la Sra. Henley Miller

243. Collar tubular, siglo xix
Zulú, Sudáfrica
Cuentas, fibra y metal
55.9
74.11.4
Donación de H. C.Gentry y Sra.

244. Collar tubular, siglo xx
Zulú, Sudáfrica
Piel y cuentas
76.2
75.8.24
Donación del Dr. Edward Kessel

245. Anillo en forma de camaleón, siglo xx
Bwa, Burkina Faso
Bronce (aleación de cobre)
7 x 5 cm
75.26.6
Donación de la Srita. Constance Roach

246. Pendiente en forma de pájaro, siglo xx
Tusyan, Costa de Marfil
Bronce (aleación de cobre)
15.9 x 9.5 x 7 cm
L99.78.212
Colección Loran

247. Amuleto en forma de dos figuras antropomorfas, posiblemente de gemelos (tugu-
bele), siglo xx
Senufo, Costa de Marfil
Bronce (aleación de cobre)
5.4 cm
1990.40.8
Donación de Herbert y Nancy Baker

248. Pendiente en forma de pájaro y búfalo, siglo XX
Bobo, Burkina Faso
Bronce (aleación de cobre) y piel
3.8 x 5.4 x 5.9 cm
1999.142.131
Donación de John Gutmann

249. Pesa para polvo de oro en forma de antílope, siglo XX
Asante *(Ashanti)*, Ghana
Latón (aleación de cobre)
1.4 x 1.4 x 0.5 cm
1991.91.13
Donación de James Ludwig y Sra. en honor a Alexandra K. Phillips

250. Pesa para polvo de oro con cinco pájaros, siglo XX
Asante *(Ashanti)*, Ghana
Latón (aleación de cobre)
6.4 x 3.2 cm
1991.91.14
Donación de James Ludwig y Sra. a *honor* de Alexandra K. Phillips

251. Pesa para polvo de oro en forma de pájaro, siglo XX
Asante *(Ashanti)*, Ghana
Latón (aleación de cobre)
3.2 x 3.8 cm
1991.91.15
Donación de James Ludwig y Sra. a honor de Alexandra K. Phillips

252. Pesa para polvo de oro en forma de dos figuras jugando, siglo XX
Asante *(Ashanti)*, Ghana
Latón (aleación de cobre)
4.3 x 5.7 x 5 cm
1999.142.134
Donación de John Gutmann

253. Pesa para polvo de oro en forma de jinete, siglo XIX
Asante *(Ashanti)*, Ghana
Latón (aleación de cobre)
4.4 x 2.5 x 7.6 cm
1999.142.135
Donación de John Gutmann

254. Pesa para polvo de oro en forma de un hombre con bastón y tambor en la cabeza, siglo XX
Asante *(Ashanti)*, Ghana
Latón (aleación de cobre)
7 x 2.7
74.5.1 b
Donación de Frederick W. Lundh

255. Pesa para polvo de oro en forma de dos hombres estrechándose la mano, siglo XX
Asante *(Ashanti)*, Ghana
Latón (aleación de cobre)
5 x 3.2 cm
74.5.1d
Donación de Frederick W. Lundh

256. Pesa para polvo de oro con diseño en "E", siglo XX
Asante *(Ashanti)*, Ghana
Latón (aleación de cobre)
0.2 x 1.4 cm
75.31.185
Donación del Dr. Harvey Crystal y Sra.

257. Pesa para polvo de oro con diseño de peine y arco, siglo XX
Asante *(Ashanti)*, Ghana
Latón (aleación de cobre)
0.5 x 1.4 x 1 cm
75.31.227
Donación del Dr. Harvey Crystal y Sra.

258. Pesa para polvo de oro en forma de svástica
Asante *(Ashanti)*, Ghana
Latón (aleación de cobre)
0.5 x 1.4 x 1.4 cm
75.31.37
Donación del Dr. Harvey Crystal y Sra.

259. Pesa para polvo de oro en forma de pirámide, siglo XX
Asante *(Ashanti)*, Ghana
Latón (aleación de cobre)
0.2 x 0.2 x 0.2 cm
75.31.38
Donación del Dr. Harvey Crystal y Sra.

260. Pesa para polvo de oro en forma de nudo, siglo XX
Asante *(Ashanti)*, Ghana
Latón (aleación de cobre)
0.8 x 4.4 x 1.4 cm
75.31.381
Donación del Dr. Harvey Crystal y Sra.

261. Pesa para polvo de oro triangular, siglo XX
Asante *(Ashanti)*, Ghana
Latón (aleación de cobre)
0.5 x 3 x 2.1 cm
75.31.4
Donación del Dr. Harvey Crystal y Sra.

LOS ANTEPASADOS
Vida después de la muerte

262. Figura de piedra antropomorfa *(pomodo)*, siglos XV–XVI
Kissi, Guinea
Piedra
11.4 x 6.4 cm
76.28
Fondo de Donación Salinger

263. Máscara-yclmo antropomorfo de doble cara (del tipo *asufu*), siglo XX
Ejagham *(Ekoi)* o Igbo, Nigeria
Madera
35.6 x 27 x 37 cm
1979.42
Donación de John Haley y Sra.

264. Figura femenina sentada con los brazos cruzados sobre el pecho, siglo XIV–XV
Cultura Djenné, Mali
Terracota
29.1 x 15.6 x 14.4 cm
1985.98
Donación de John y Nick Casado

265. Figura femenina de pie, con arete en la oreja izquierda y en la nariz *(nyeleni)*, siglo XX
Bamana, Mali
Madera y metal
61 cm
1983.89.1
Donación de Ruth y Marc Franklin en memoria a Harry Franklin

266. Figura masculina de pie, siglo XX
Malinke, Mali
Madera
64.8 x 16.5 x 11.4 cm
1983.91.2
Colección Loran

267. Figura de relicario, con tiras de cobre y latón *(bwete)*, siglo XIX
Mahongwe, Gabón
Cobre, latón y madera
38.7 x 23.2 x 43.2 cm
1986.37.1
Donación de Herbert y Nancy Baker

268. Figura de relicario antropomorfa *(bumba bwiti)*, siglo XX
Mitsogho, Gabón
Madera, metal y tukula (polvo de corteza de madera roja de Angola)
22.9 x 8.9 x 7 cm
1988.31.1
Donación de Marc y Ruth Franklin

269. Figura femenina de gemelo con capa y tocado *(ere ibeji)*, siglo XX
Yoruba, Nigeria
Madera, vidrio, concha y tejido de metal
26.4 x 21.3 x 7 cm
1991.16.2 a-c
Donación de Thomas K. Seligman y Rita Barela

270. Figura de relicario amarrado sobre un envoltorio *(mbumba bwiti)*, principios del siglo XX
Sango, Gabón
Madera, cobre, bronce, rafia, pigmentos y hueso
46.7 x 11.4 cm
1993.91
Donación de Janine y Michael Heymann

271. Cabeza conmemorativa femenina *(estilo Adanse -Formena)*, siglos XIX-XX
Conjunto Akan *(región sur)*, Ghana
Terracota
22.9 x 15.2 x 12.7 cm
1994.33.1
Donación del Dr. Ralph Spiegl y Sra.

272. Máscara antropomorfa *(ogbodo)*, siglo XX
Idoma, Nigeria
Madera y pigmentos
30.5 x 22.9 x 17.8 cm
1996.12.12
Donación de Michael R. Heide

273. Máscara antropomorfa con peinado elaborado *(ogbodo)*, siglo XX
Idoma o Igbo, Nigeria
Madera y pigmentos
35.6 x 22.9 x 15.2 cm
1996.12.13
Donación de Michael R. Heide

274. Máscara-yelmo antropomorfa con escarificaciones en el rostro, siglo XX
Igbo, Nigeria
Madera
45.7 x 24 x 29.2 cm
1996.12.21
Donación de Michael R. Heide

275. Figura femenina con las manos en la cintura, sin piernas, siglo XX
Conjunto Gurunsi, Burkina Faso
Madera
36.8 x 15.2 x 7.6 cm
1996.12.32
Donación de Michael R. Heide

276. Máscara antropomorfa femenina *(agbogho mmuo)*, siglo XX
Igbo *(región norte)*, Nigeria
Madera y pigmentos
17.8 x 15.2 x 11.4 cm
1996.12.53
Donación de Michael R. Heide

277. Figura masculina de gemelo *(ere ibeji)*, siglo XX
Yoruba, Nigeria
Madera
27.9 x 10.2 x 10.2 cm
1996.12.59
Donación de Michael R. Heide

278. Figura femenina de gemelo *(ere ibeji)*, siglo XX
Yoruba, Nigeria
Madera
29.2 x 10.2 x 10.2 cm
1996.12.60
Donación de Michael R. Heide

279. Figura masculina de gemelo *(ere ibeji)*, siglo XX
Yoruba, Nigeria
Madera
26.7 x 8.9 x 8.9 cm
1996.12.68
Donación de Michael R. Heide

280. Figura femenina de gemelo, con pulsera en muñeca izquierda *(ere ibeji)*, siglo XX
Yoruba, Nigeria
Madera
26.7 x 8.9 x 8.9 cm
1996.12.69
Donación de Michael R. Heide

281. Cabeza antropomorfa *(nomoli)*, siglo XV-XVI
Sherbo, Sierra Leona
Piedra
16.5 x 7.6 x 12.7 cm
1996.12.70
Donación de Michael R. Heide

282. Figura de relicario femenina *(eyema bieri)*, principios del siglo XX
Fang, Gabón
Madera con tachuelas de latón
45.7 x 12.1 x 12.1 cm
1999.142.180
Donación de John Gutmann

283. Figura de relicario con placas y tiras de cobre y latón *(bwete)*, siglo XX
Kota, Gabón
Madera, latón y cobre
63.5 x 25.4 cm
1999.197
Donación de Ruth Schorer-Loran

284. Busto antropomorfo femenino, siglo XV-XVI
Loma, Guinea-Liberia
Piedra
24.1 cm
73.29
Fondo de donación Salinger

285. Figura masculina de gemelo (ere ibeji),
siglo XX
Yoruba, Nigeria
Madera, tela, cuentas y conchas caoríes
29.2 x 24.1 cm
75.3.14 a-b
Fondo de Adquisición AOA

286. Escultura antropomorfa con los brazos le-
vantados, siglos XIX-XX
Dogón o Tellem, Mali
Madera y materiales rituales
44.1 x 9.8 x 3.5 cm
L99.78.151
Colección Loran

287. Figura femenina de pie con labiete, siglo XIX
Dogón, Mali
Madera
55.9 x 9.8 x 10.2 cm
L99.78.152
Colección Loran

288. Figura femenina con las piernas flexiona-
das y las manos sobre las rodillas, siglo XIX
Dogón, Mali
Madera
72.2 x 12.1 x 15.2 cm
L99.78.160
Colección Loran

289. Figura femenina de pie, siglo XX
Ibibio, Nigeria
Madera y pigmentos
78.7 x 25.4 cm
L99.78.22
Colección Loran

290. Figura masculina de gemelo (ere ibeji),
siglo XX
Yoruba, Nigeria
Madera y cuentas de vidrio
28.6 x 8.9 cm
L99.78.74
Colección Loran

291. Figura masculina de gemelo (ere ibeji),
siglo XX
Yoruba, Nigeria
Madera y concha
33 cm
74.10.2 a-b
Donación en memoria a Louis Niggeman

CEREMONIAS PARA LOS MUERTOS
Ritos funerarios

292. Poste funerario antropomorfo con decoraciones geométricas (kigango), ca. 1950
Giriyama (conjunto Mijikenda), Kenia
Madera, concha, pintura, cobre, monedas y
metal
169.5 x 14.6 x 4.4 cm
1980.11
Fondo de Adquisición AOA

293. ARTISTA: Kueku Buja
Tambor principal de una asociación civil
Asafo con doble par de senos (ntweneb-
dia), principios del siglo XX
Fante (ciudad de Supudu), Ghana
Madera, pintura y cuero
104.1 x 59.7 x 68.6 cm
1980.73
Donación de Sue Niggeman

294. Máscara que representa un carnero (saragigi), siglo XX
Ligbi, Costa de Marfil
Madera, pintura e hilo
22.9 x 20.3 cm
1981.19
Fondo de donación William H. Noble

295. Textil de terciopelo de rafia (ntshak), siglo XX
Shoowa (conjunto Kuba), República Democrática del Congo
Rafia
63 x 49.5 cm
1985.21
Donación de Philip y Michele Fiegler

296. Máscara antropomorfa (kpeliye'e), principios del siglo XX
Senufo, Costa de Marfil
Madera
34.3 x 17 x 9 cm
1985.35
Fondo de la Sra. de Paul L. Wattis

297. Máscara-tocado zoomorfo para llevar sobre los hombros, siglo XX
Wurkun, Nigeria
Madera y rafia
174 x 33 x 37 cm
1995.6
Colección Loran

298. Tela (adinkra) con estampado y bordado,
siglo XX
Asante (Ashanti), (región de Ntonso),
Ghana
Tela de algodón importada, hilo de rayón
y tintes
340.4 x 231.1 cm
1980.58.1
Donación de Klaus y Ellen Werner

299. Máscara-yelmo zoomorfa (korobla), siglo XX
Senufo, Costa de Marfil
Madera, metal, latón y pigmentos
27.9 x 24.1 x 40.6 cm
1986.37.2
Donación de Herbert y Nancy Baker

300. Máscara-tocado zoomorfa (korobla), siglo XX
Senufo, Costa de Marfil
Madera
19.7 x 22.9 cm
1987.31.1
Donación de Marc y Ruth Franklin

301. Poste funerario incompleto con figura antropomorfa posiblemente masculina (aloa-
lo), principios del siglo XX
Mahafaly, Madagascar
Madera
110.5 x 17.8 cm
1988.38.4
Donación de Herbert y Nancy Baker

302. Textil de terciopelo de rafia *(ntshak)*, siglo XX
Shoowa *(conjunto Kuba)*, República Democrática del Congo
Rafia
63.5 x 49.5 cm
1991.93.6
Donación del Dr. Ralph Spiegl y Sra.

303. Poste geométrico en forma de terrazas, con pequeñas caras esculpidas, principios del siglo XX
Lengola, República Democrática del Congo
Madera, pigmentos y gis
123 x 14.9 x 16 cm
1993.67.1
Donación de Dwight y Blossom Strong

304. Máscara facial con plancha vertical calada *(sirige)*, siglo XX
Dogón, Mali
Madera, pigmentos y fibra
381 cm
1995.48
Donación de Stuart Buckley

305. Traje de danza ceremonial en honor a los antepasados *(egungun)*, mediados del siglo XX
Yoruba *(región de Oyo)*, Nigeria
Lengüetas de telas de algodón y sintéticas (estampadas y bordadas), terciopelos, fieltros, red tejida, espejos, monedas de metal, botones de concha, pedazos de hojalata y aluminio martillados
175.3 x 127 x 45.7 cm
1998.31
Donación del Consejo de Voluntariado

306. ARTISTA: Kane Kwei
Ataúd en forma de fruto de cacao, 1970
Ga *(poblado Teshi)*, Ghana
Madera, pintura y tela
86.4 x 268 x 61 cm
74.8
Donación de Vivian Burns, S.A.

307. Tocado en forma de máscara antropomorfa *(geh-naw)*, siglo XX
Bassa, Liberia
Madera
19 x 10.2 cm
75.3.17
Fondo de Adquisición AOA

308. Máscara antropomorfa con cuernos y resplandor, siglo XX
Yaure or Yawe *(conjunto Baule)*, Costa de Marfil
Madera
34.3 x 17.8 x 7 cm
L99.78.145
Colección Loran

African Art in Mexico
KATHLEEN BERRIN

*Curator in Charge Department of Africa,
Oceania, and the Americas
Fine Arts Museums of San Francisco*

The history of San Francisco's African collections began with the birth of the M.H. de Young Memorial Museum in the late 19th century. The nucleus of the collection formed during the California Midwinter Exposition of 1894-5, which was held in San Francisco's famed Golden Gate Park. The Midwinter Exposition was meant to rival the Chicago World's Fair of 1893, and Michael H. de Young was the key civic individual in San Francisco responsible.

At this time, perhaps even earlier, major cities in America were avidly competing for economic and cultural advantage. Collecting artworks and cultural objects was an interesting way to draw attention to a city's prestige. In 1894, San Francisco's Midwinter Fair boasted "the grandest collection of rare and curious exhibits ever brought to America." These exhibits included objects (and demonstrations) from cultures as diverse as the Alaskan "Esquimau," the colonies of Africa, the great islands of "the Southern Seas" and our own native North Americas as well as artworks from other parts of the world. With the formation of the de Young Museum, some of the works then exhibited became part of the permanent collection, although the objects from Africa displayed at the 1894 Midwinter Fair tended to be spears, shields, and weapons which gave a very limited view of art and life in Africa.

The quest for "exotic" objects fueled the early appetites of museums in Europe and the United States. Anything and everything might be accepted by a city museum. In those early days, there were few specialized curators or collection caretakers. No one knew much about non—Western art few people even saw African objects as works of art.

It would take prestigious European artists like Picasso, Derain, and Matisse to revolutionize the art world and "discover" African art as the basis for Cubism in the first decades of the 20th century. One by one, European artists became awed with the aesthetics of African art, its bold forms, its intense expressionistic aesthetic and strong sculptural qualities. The aesthetics of African art shook the European art world and changed it forever, though nobody knew much about the peoples or cultures of Africa from which these objects came.

The collections of the de Young Museum grew randomly during the middle of the 20th century like most collections of major city museums. By the middle of the 20th century the city of San Francisco was eager to increase its cosmopolitan reputation and began to show an interest in cultural diversity. Important private California collectors became fascinated with African art, and, to their delight, the museum actively displayed a wide range of examples.

Bay Area institutions of higher learning such as the University of California at Berkeley and San Francisco State College (now San Francisco State University) had professors in their art and history departments who were interested in African culture and art. Artist-scholars like Professor Erle Loran and Professor John Haley, who later donated their collections to the de Young Museum, began collecting African art in the 1940s. Indeed, for Erle Loran, a love of African art began early, while he was in Paris as a student, living in the studio of Cubist painter Paul Cézanne.

Erle Loran was irresistibly drawn to African art forms. The artworks spoke to him in strongly aesthetic terms. While he was always interested to learn something about African cultures and peoples, this information was always secondary. It was the visual experience of a mask or sculpture that excited him, and he had the eye of a connoisseur. Erle Loran never traveled to Africa. His collecting trips were to major cities in the United States (especially Los Angeles) where he could acquire important examples of fine African art. He built a house in the Berkeley Hills to expressly showcase his African collection. For years, collectors, scholars, and African art dealers came to San Francisco to see the Loran Collection, and to enjoy gourmet meals and fine wines in the company of this elegant and discerning man. When Erle Loran died in 1999, his legacy of African art became part of the Fine Arts Museums.

There were other key collectors and benefactors in California who had a strong aesthetic viewpoint and provided a major stimulus for African art. San Francisco was lucky to have an outstanding African art dealer in James Willis, who actively worked with collectors beginning in the 1970's. In Los Angeles, African art was avidly collected from the

1960s on, and a primary force in that city was another outstanding art dealer, the late Herbert Baker, who moved there from Chicago. Herbert Baker had started out in the advertising business, but fell in love with African art and soon devoted himself to selling it full-time. Toward the end of his life, he and his wife Nancy decided they wanted permanent recognition of their efforts. They offered the de Young Museum (which had merged with the California Palace of the Legion of Honor in 1971 to form the Fine Arts Museums of San Francisco) a part gift/ part sale of some of their finest personal collection pieces. The Fine Arts Museums had a key donor, Mrs. Paul L. Wattis, who was also a great lover of non-Western and modern art. A happy alliance resulted when she offered to help purchase half of the collection for the city of San Francisco. San Francisco benefited enormously from the acquisition of select pieces from the Herbert and Nancy Baker Collection in 1986.

While some benefactors to San Francisco collections had a strong aesthetic viewpoint, still others fell in love with the more cultural side of Africa art. Joining our museum in 1971 as Curator of Africa, Oceania, and the Americas was Thomas K. Seligman. His view of African art had been largely shaped by background as an artist and by living in Liberia while working for the Peace Corps in the late 1960s. (The Peace Corps was a U.S. government agency established in 1961 by President John F. Kennedy to assist people living in developing countries. Many of the Peace Corps volunteers from the United States lived and worked in remote parts of Africa, teaching skills in an effort to help improve social conditions.) Because of Seligman's interest and experiences living in Liberia, he encouraged the expansion of the museum's collections of art from this area. He later added a collection of art from the Tuareg peoples of Western Sudan.

Another important donor who also got his start in the Peace Corps was the late Dr. Michael Heide, a psychiatrist/collector who had lived in the country of Sierra Leone. After his Peace Corps service was completed (and he had relocated back in Washington State) Michael Heide made several collecting trips back to Africa and began seriously collecting the art. He expecially loved human and animal masks of West Africa. Knowing San Francisco's interest and commitment to African art, at the end of his life he decided to donate his entire collection to the City and County of San Francisco.

Yet another important benefactor to San Francisco was the late John Gutmann, an acclaimed international photographer who taught photography at San Francisco State University. Professor Gutmann developed a great interest in collecting African art and was especially interested in owning intense and enigmatic figures that featured disparate materials and textures or arresting poses of the human body. The addition of the Gutmann Collection in 2000 has given the de Young African holdings yet another unique facet of character and intensity.

The idea for a cultural exchange and a special exhibition of African art as a collaborative effort between San Francisco and Mexico arose in 2001, stimulated by the interest of Mexico's Instituto Nacional de Antropologia e Historia and CONACULTA. Our Museum eagerly embraced the prospect of showing highlights of San Francisco's African collections in Mexico's prestigious National Museum of Anthropology and History.

As these African objects from San Francisco Collections are re-assembled and given yet another cultural winnowing by Mexican scholars and museologists in 2002, it will be interesting to see how individual artworks become re-contextualized within the National Museum display cases, perhaps with a uniquely Mexican vision. We are delighted to share our finest African objects with the people of Mexico. And we are pleased, at this moment in time, while we are involved in building a new museum in San Francisco, that there is an opportunity for these important works to travel. After two presentations in Mexico, this African collection will once again return to San Francisco where it will be showcased in a a completely new de Young Museum building, scheduled to open in 2005 in Golden Gate Park.

Life and Resistance of African Cultures: *The Art and Symbolism of Objects*

RAYMUNDO MIER

Translation: Debra Nagao

Professor-Researcher at the Universidad Autónoma Metropolitana – Xochimilco.
Professor of Anthropological Theory and Philosophy of Language
at the Escuela Nacional de Antropología e Historia.

I. AFRICA: DISTANCE AND AMBIGUITY

The African condition has always been ambiguous for that world, which for ease, arrogance and discouragement that we call the West. Nearby and distant, enigmatic and yet in some way familiar, modern and bygone, the protagonist of contemporary dramas marked by an indecipherable anachronism, notorious for its disconcerting ethnic, religious and political diversity, and yet at the same time considered a region with a unique identity of its own, irreducible, with an abundance of religions, myths, contrasting political and kinship systems that the historical gaze of the West has reduced to a single identity: "the Africans." A territory at the same time threatening in its strangeness and intact despite the greed for wealth and looting of its colonizers. The richness of cultures also fuses with its incommensurable misery. A place in which European imagination plans redemption and escape, but at the same time is confronted with aberration and violence. A region of never-ending enterprises of devastation by the Western world, of exclusion, of submission and disdain, yet also of ambivalent generosity. An arena in which the most extreme contradictions and most degrading effects of the process of globalization are found all over, but also the territory where odd and confused promises can be noticed. The place of strange utopias of purification, aesthetic renovation where attempts have been made to silence traditions, and where objects with symbolic value have been the goal of pillage, trade and eradication. This territory has simultaneously been a key focus in anthropological and sociopolitical endeavors to understand the dynamics of human culture, including its survival and transformation, and its intricate, diverse systems of organization, its mythical universes and its own standards for the creation of objects of functional and symbolic value. But it is also a place where, beginning with colonialism, Western sciences, techniques and disciplines have waged a progressive and implacable offensive aimed at policies of ethnocide with a drive for cultural, economic, political, and demographic extermination. As a consequence, Africa has been the privileged name of a vast area where the multiplicity of cultures and their intimate complexity have brought about and exposed, time and time again, the irrationality and the political and cultural failure of the West, the denial of its own will to be understood anthropologically, and thus suppressing the critical vocation of anthropology. Africa, from an anthropological gaze, emerges as an enormous specter of processes of resistance, but also as a specter of a persistent vitality that in spite of the aggression of deeply rooted colonialism, is expanding its singular processes of cultural diversification, confrontation and incessant renewal, giving rise to and adopting cultural movements and responses of inconformity, hand in hand with the formation of entire populations resigned to subjugation. Therefore, it is an area where the different cultures converge to form a cultural and political panorama that is extremely dynamic and conflictive: inter-ethnic strife with ancestral roots combine with struggles against the deterioration of universes full of symbols and ways of life produced by colonialism. Religions, rules of cults of uncertain age confront and fuse with governmental and technological systems and with political and cultural rhetoric derived from modernization. Thus, in that incessant confrontation with colonialism, the ethnic links within African cultures and between them have acquired new physiognomies: transformations in all spheres; religious confrontations between vernacular cults and the growing presence of Islam, the unequal incorporation of local economies into the market system, amidst the discordance of processes of modernization and the mythical and ritual substrata of their institutions of origin. The forms of cultural and political response grew in the face of alienation: religious struggles, mutations of systems based on kinship and cosmogony, to the undermining of secret societies, forms of investiture of power, usually accompanied by depredation between ethnic groups, or military movements that paradoxically have led on more than a few occasions to an aggravation of the after-effects of colonialism, which in turn reveal the new characteristics of global policies of the dominant political system.

II. AFRICA: EXOTICISM, MAGIC AND DEVASTATION; AESTHETIC CLEANSING

The text by Raymond Roussel, *Impressions d'Afrique*, would appear in the early decades of the twentieth century —a time of expansion and affirmation for modern anthropology. Roussel's text may be described as a dizzying play of verbal creation, from which emerges a spectrum of figures, characters, and episodes all produced from the mere resonance of French words and locutions. An extravagant, elusive, exuberant world arises, one inhabited by warrior hordes, with short snippets of repetitive music that issue from the text merely from gliding of homophones, sonorous affinities between expressions and meanings, of variations or mutations, evident or hardly noticeable between words or phrases. The Africa that emerges from these dizzying uses of language is a sketch of heterogeneous universes in fusion, the imaginary texture of which was used to conjure up worlds, kingdoms, dynasties, to build extraordinary environments, indescribable zoologies, plots and stories in which the setting was at the same time inaccessible and utopia-like, magical and disconcerting, in one word: fascinating, a topography of aberrations. Although Roussel's text is a singular moment in literary creation and the "aesthetic revolt" of the vanguard movement, it is also an unequivocal sign of the imaginary profile evoked by the word "Africa" in that European world just beginning to come out of the optical illusions of the nineteenth century. In its originality and its characterization of the extraordinary, *Impressions d'Afrique* is also the unfolding of a territorial and cultural imagination created from the vocation of language to give rise to the signification of what is inadmissible and what is strange, the evocation of the primordial core and what may be situated at the margins. Africa is that place; it is the watch-word for the vertigo produced by a distant land. It is an ambiguous distance: exalted as a place of magic, constructed by the "West" as a place of primordial, exotic identities, but also as a place of transcendental primitivism heralding the impossibility, the anticipated collapse, of the "rise" of civilization. For the fantasy disseminated in the West, Africa appears as the exuberant and visible vision of a living archaeological vestige, although in persistent and untiring disintegration, the testimony of an enigmatic preservation of the primary stages of the "development of cultures." In effect, this image of Africa as arrested in time blends what is primordial and intolerable about identity itself. During the widespread colonial exploration and exploitation of Africa at the end of the nineteenth century, this dual, ambiguous image is diffused and comes to impregnate the entire European cultural milieu. It is the consecrated moment of the novel by Joseph Conrad, *Heart of Darkness*, that simultaneously reveals, by way of the narrative depicting a journey to the source of the Congo river, in the heart of Africa, the encounter of contemporary man —who arose from European civilization— with the jungle, with the men who lived there, but above all and finally with the primordial image of man himself. This confrontation of the self with the territory of the primordial —the jungle, "the savages"— can only produce the feeling of horror. European man finds there, in the center of the jungle, amidst the "savages," his own image which it nothing more than a bare, intolerable force that is shown to be a terrifying and threatening epiphany revealing the human condition independent of time. European man is shown to be alien to all purification and his capacity for devastation remains at the very core of the enlightenment of the civilizing project. The Africa described by Conrad emerges as a moving, brutal, critical metaphor of the very heart of what it means to be human, intact, devastating, which is propagated and preserved, mute, silenced in contemporary faces, like the atrocious truth of humanity that appears in even the most innocent and loving faces, that underlies the very body of the West, to show its true colors suddenly without any warning. The nineteenth century forges a vision of Africa that will be maintained and that will spread —transforming itself depending on the demands of different contemporary mythologies— as the place par excellence where the poetic enterprises of Arthur Rimbaud culminate in a search for escape and expiation, or else where the radical sense of the Cubist exploration for visual forms is revealed. It is the destiny of the narrative rambling of Paul Bowles, where the vital alliance of the primordial and revolutionary qualities of free jazz arises, where the political and cinematographic exuberance of Paolo Passolini finds its natural stage for expression. It is the imaginary territory toward which revolutionary aspiration turns, the poetic wager of blackness —a challenging concept coined and expressed in the poetic works of Aimé Césaire and Sédar Senghor— or the territory evoked by the radicalism of the Black Panthers and Eldridge Cleaver at the height of the civil rights movements in the 1960s or the early 1970s. Africa appears as if an episode, although repeatedly as that domain of imminent, intimate, intransitive distant land, in which more often than not, invocations of the magical, the extraordinary, the unimaginable come into play with romantic fantasies or with the nostalgic fiction of intellectuals, artists, writers, outsiders, for a re-encounter with what is dark, primordial, primitive, uncontrollable. But it was perhaps the outbreak of violence in Algeria, the great moral defeat of the Empire, the cherished collapse of French colonialist arrogance, that could make the other face of Africa clear to the modern world. The upheaval produced by the Algerian war for freedom, despite attempts to hush it up from the beginning, remained latent in the colonial memory, although it was unable to mitigate the scorn of the "West" for the demands of the African emancipation movement. The anti-colonialist struggle displayed one of its most disturbing faces in the battles of the Algerian National Liberation Front. That movement of open, violent resistance of people subjugated by colonial domination not only revealed the inextinguishable tension between "Western reason" and the vital force of the colonized subjects. Beneath the vision fostered by the West of African territory as utopian, romantic, exotic, accompanied by the exaltation of an extraordinary, aesthetic force of Africa cultures clear in cultural, vanguard movements, there appeared what was evident but permanently suffocated: the Western hatred for that world that it had confronted now for centuries and that displayed the limitations of rational justifications underlying the civilizing project, which made patent the racism, exclusion, tyranny and barbarity on which the well-being and eloquence of European civilization had been propped up. Jean Paul Sartre's words on the specter of the spiral of violence and colonialist exclusion in Africa still echo in the collective memory, an endless spiral that feeds upon itself:

"...terror and exploitation dehumanize and this dehumanization gives authority to the exploiter to exploit even more."[1]

These are words that have not lost their power to enlighten. Sartre emphatically warns that it is not only the colonized who are degraded. Degradation victimizes whoever colonizes. The colonizing machine, he underscores, degrades both, although the colonized emerges with the face of plenitude. The words written by Sartre in 1957 today acquire a strange resonance as a result of contemporary experiences in Africa, despite the extraordinary, although precarious, triumph of Nelson Mandela over the vestiges of colonialism dragged to the degradation of apartheid, the social basis and political legitimacy of which was rotten to the core due to the very colonial conditions that gave rise to it.

Nevertheless, despite the violent confrontation of the colonizing enterprise, Africa is a territory modeled in the Western imagination by utopias of renovation or recognition, of escape or redemption. In the Western imagination, that vast region emerges, always drawn with the boldest of lines. There is an ongoing process of "anesthetizing" the African world: the place of paradisiacal or extraordinary figures, anomalous or infamous practices, primordial beliefs, pre-figurations of what is unspeakable and inadmissible. Africa is the impossible place for another imagination, without parallel in the West, in which a unique, aesthetic condition of its own fuses with an attachment to traditional mythical and ritual forms. It also displays a persistent inclination to look at the complex acts and products of African culture within the framework of aesthetic criteria of European history. Stylized and geometric forms of ritual objects, material objects that are vehicles of exchange and of religious, economic, bellicose acts, bodily signs and traces that are marks of identity, hierarchy, condition or power, they are all contemplated as exuberant expressions of aesthetic imagination. The passion for exoticism endows all testimonies on that territory —whether narrative, visual, historical or anthropological— with a special aura. Pieces and objects that represent physiognomies of mythical characters or powers generated in the ritual process and that provide order and meaning to social and religious organizations, to agricultural techniques, political equilibriums and the management of social segments of ethnic groups have time after time been viewed unilaterally as contrasting with models of aesthetic invention of modernity.

In a lecture given by Michel Leiris in Puerto Principe at a date apparently distant from the beginnings of contemporary anthropology —October, 1948, the postwar period, very close to the strident appearance of the structuralist revolution that would disarrange the anthropological gaze— his voice cannot cease to evoke the pressure that was exercised by the premises of exoticism on the expectations and gaze toward Africa. Egypt, his first contact with the African continent, that region unique for the density of its historical memory and for the persistent presence of the Western world, does not appear before his eyes only as a culture that arises in the historical, political and cultural environs of the contemporary gaze, marked by a proximity composed of a familiarity, as a personal feeling that becomes confused with origins: writing, monumental constructions, mythical fabrics, historical episodes, figures and names from cult and mythology. Exoticism is something else. Facing the vision of Egypt, Leiris writes:

> ...first uprooting, feeling of exoticism that I experienced, whether one understood by that the impression of being far from home and from one's own habits, in a world at once marvelous and a little disturbing because everything seems new and assaults the eyes, the ears, the sense of smell in a way far more intense than those things that we end up not paying attention to, to the extent that custom has made them into

a something commonplace or cliché that one cannot release them until boredom (sets in) and they lose all meaning, forcibly reduced to nothing after having been beaten to death.[2]

The gaze falls back again on that gravitation toward what is exotic, the fascination produced by the sense of uprooting that feeds experience with what is extraordinary. But anthropology rejects that exoticism, without being able to extirpate it entirely from its own meditations. A similar process occurred with aesthetic experience arising from contact with African symbolic objects: music, dance, visual arts, the writings of European modernity itself become disturbed from the confusion arising from the fusion of feeling lost as the same time as feeling recognition. Based on this joining of fascination, excitement, exclusion and rejection, the presence of Africa appeared as model and basis for exploration undertaken by vanguard art movements. Symbolic and ritual objects and even practical artifacts, cloth, clothing acquired an uncommon significance, in light of "Western" aesthetic criteria. The preeminence of aesthetic astonishment partially eclipsed the violence with which Africa was interrogated by colonial presence. Often artifacts, such as goldwork, were seen as a craft tradition that had gone beyond the normal horizons of the West to become confused with pieces of genuine aesthetic value, as the product of an imagination and an expressive force of surprising expressive quality, so that the items were placed in museum exhibition cases or in compendiums on African art. Frequently their significance for the African cultures themselves was overlooked; information was suppressed on their religious or ritual meaning, their relationship with the cosmogonies and myths, their capacity to symbolize forms of political organization or the definition of their lineages, their role in processes of exchange or in the identification of agricultural cycles, their influence on the destiny of the subjects or the identities of bodies.

Nevertheless, that "dignity" based on aesthetic value assumed its own validity and seemed to return Africa to the presence that it had been denied in other domains. It gave Africa back a fictitious dignity resulting from a relative aesthetic "originality," legitimated by the identification of a "primordial strength" within these objects and the capacity for perfection in its technical creations. African pieces were so beautiful that they could even be considered contemporary art. Designating something as "primitive" became an excuse —although it never overrode or refuted— for the surprising quality of techniques used in making ceramic objects, for the fineness of African weaving or dyeing, for the disconcerting use of geometric motifs, symmetries and asymmetries together with symbolic patterns, for the delicacy of lines, or the proportions of figures that conferred them with an allegorical or mythical power. Objects were frequently surprising for the economy of their aesthetic elements, the very economy employed in the most disruptive proposals of the contemporary aesthetic rebellions of the West; the elegance of their carving, the extraordinary composition of their colors or textures, or the unsuspected quality of scenes intuitively evoked objects placed in Western art galleries; they were pieces whose physiognomy related them to contemporary vanguard movements in art. The presence of Africa appears, by way of the aesthetic gaze, cleansed of its strength power to raise questions. Its appearance in the world of Western art —mediated by museums, collectors, or the thought-out, tempered reflection of art critics— sifted out the disturbing and implicitly critical eruption arising from the mythical significance of objects that had been uprooted from their ritual context, deprived of all resonance of their cultural history, silenced on their significance in initiations, magical rites or on their participation in ceremonies and dances for the investiture of figures of political power. In other words, they were pieces offered to the gaze as mere objects of contemplation, enjoyment, or at least admiration. Beyond mere exoticism, these objects raised crucial questions for contemporary art, on their own standards, their criteria and their techniques. The transition from representative art to abstract figures, of anthropomorphic representation to merely geometric figures —frets, undulating lines, circular figures, spirals— together with highly varied chromatic plays capable of conferring an explicitly symbolic quality onto these objects, became a significant trait for aesthetic appreciation, even for anthropological interrogation. Franz Boas confronted the issue of the aesthetics of objects from the Northwest Coast of North America from the anthropological perspective, without ceasing to underscore the need to give the objects an explicative meaning within the framework of comprehending their culture. He did not renounce a variety of topics pertaining to anthropological interrogation —the question of universality of artwork in different cultures, the sense of symbolic expression of mythical characters, the ritual use of objects, the dynamic of disseminating aesthetic and symbolic patterns between cultures, the persistent search for rhythm in temporal arts?), and precision and mastery in the creation of forms as a declaration of an expressive system that goes far beyond all functional demands served by the repertoire of objects. He resorts nevertheless to criteria pertaining to aesthetic meditation itself: anthropology must take into consideration perfection and precision of the bodily disciplines involved in the creation of these objects, the value attributed to the preservation of lasting traits of form and mastery to achieve greater intensity and efficacy in expressive strength by means of forms and objects produced with high technical demands.

III. AFRICA, A PRIVILEGED PLACE FOR ANTHROPOLOGICAL INTERVENTION

Contemporary anthropology arises and is consolidated to a large extent beginning with the challenge presented by Africa's vast ethnic and cultural repertoire. Some of the most significant contributions in anthropology, constituting the fundamental underpinning of contemporary thinking, emerge from the attempt to comprehend the contrasting congregation of African identities and cultural and political processes. They range from studies and compilations of mythical and narrative material by Leo Frobenius, to those that serve as the basis of contemporary anthropological tradition by —Marcel Griaule, Alfred Reginald Radcliffe-Brown, E.E. Evans-Pritchard, Meyer Fortes, Max Gluckman, Audrey Richards, S.F. Nadel, G. Lienhardt, Georges Balandier, to name just a few. These scholars focusing on Africa consolidated and at times reformed or drastically contradicted —by way of detailed recording, construction and analysis characteristic of contemporary anthropology— the work undertaken by comparative anthropologists who often sought to reconstruct evolutionary cultural processes by way of contrast between Melanesian, Oriental, American and African cultures.

The anthropological vision of Africa reveals a complex of permanent vacillations. On the one hand between universality and singularity. The perspective emphasizing universality is capable of recognizing symbolic rules among elements of African ethnic groups possessing a logic exhibiting easily recognizable traits in innumerable social groups, which indicates the ancestral existence of institutions in Africa, social rules whose legitimacy and organizing force, whose vitality and perseverance do not exhibit any less complexity nor meaning alien to the stories and cultures of other territorial spheres. Universality seems to legitimated by the rationality and complexity of African cultures; however, anthropology also weakens the demand to rescue the uniqueness of those traits arising from the age and history of those cultures, from their disturbing dialogues, their often violent confrontations, with their different religious spheres, mythical universes, memories and narrative traditions involving incomparable actors, characters and episodes, kinship systems whose variations are difficult to contrast, and the diversity of their political institutions. Yet each African culture can be contemplated as a self-contained universe, endowed with unifying traits despite their diversity, each capable of revealing a unique face of its own, a profile that distinguishes it from other territories. Anthropology's challenge is to establish a unique gaze that does not fall into a futile temptation to exhibit a vacuous universality, a mere abstract invocation, that does not establish the characteristics of African cultures within an indifferent mass of traditional cultures, of those that have remained at the margins of the dizzying pace of modernity. To avoid sinking it in the same universe that would equate it with Melanesian cultures, to groups from Indochina, to cultures in general. Anthropology also vacillates between that gaze that seeks to comprehend at the same time it cannot avoid the feeling of outrage in the face of the violence instituted by colonialism. It vacillates between a gaze consecrated to record, assign, reconstruct, interpret and understand these tensions at the heart of cultures, and on the other hand, an action that openly expresses an ethical and theoretical position in response to colonial aggression that imposes a unifying pressure on all cultures, a force comparable to degradation and cultural destruction. It is a sort of anthropology that leads to catching a glimpse of the autonomy of these ethnic groups. Anthropology vacillates then between fidelity to its own explicative frameworks –to its scientific and academic tradition, its confinement, protection that seeks in response to the demands of comprehension— and a gaze that pulls anthropology beyond its own limits, beyond itself to then gaze from that spot marked by the violence of a colonialism that has transformed, at the same time it has also incessantly been transformed, to gaze at the transformations that completely and permanently upset its very own cultural condition from the path of destruction of colonialism, but seen from within its devastation. Anthropology has offered to the European gaze an African world assembled as if a dense, clashing, conflictive plot of cultures —from those groups consecrated by the great classical ethnographies: the Nuer, the Dinka, the Shilluk, the Anuak, the Hotentotes, the Bantu, the Ndembu, the Azande, the Talensi, the Kede, the Dogon, the Yoruba, the Beté, the Ashanti, the Zulu, to mention a few that have served as canonical objects of reference in anthropology studies. However, anthropologists have not always been able to elude the biases arising from distant, foreign, and at times condescending contemplation, sifted through the frameworks of their own history, of their own rationality, of categories coined as a result of long genealogies that bear the mark of their roots in modernity.

Before the European gaze, the intricate and diversified profile of Africa has disappeared more than a few times, to emerge as a single region, unified in outward appearance by a shared primitivism, despite the innumerable, highly varied and complex cultures, ethnic groups, histories and political struggles, economic and administrative destinies. Ethnic groups and cultures are even separated by their different colonial histories: of resistance, co-existence, or of subjugation. This plurality is expressed clearly in the closed fabric of alternation and variation of symbolic universes, religious worlds, cultural expressions, forms of power, or even in the linguistic differences between vernacular and colonial languages. Time and time again, it is possible to read, in different phases of political intervention on the part of the "West" in the African cultural and political spectrum, that vision of Africa as a conglomerate with a single physiognomy: static, enigmatic in its preservation, its duration, its vitality. The co-existence of these contradictory visions, the impossible-to-encompass quality of African cultures and that of a unity forged by the Western gaze, does not seem to interrupt reflection on African cultural processes. In his "Introduction" to the anthology, *African Systems of Kinship and Marriage*, Radcliffe-Brown recognizes from the outset that

> "...a book that systematically and completely studies the organization of kinship for all of Africa still cannot be written."

However, after forty some pages, he reveals the matrices, differences, discordances and similarities between kinship systems, by stating:

> "...Africans do not conceive of marriage as a union based on romantic love...In some ways, an African marriage is similar to an English marriage...the Africans make a distinction, just as we do, between 'legal' marriage and irregular union."[3]

Similarly, in their "Introduction" to the anthology, *African Political Systems*, Fortes and Evans-Pritchard, after a meticulous description of the profound differences between political systems of different ethnic groups in Africa, after discussing the divergent political responses of their different social and political organizations to colonial intervention, cannot avoid rushing headlong into an interpretation based on a disturbing personal bias in which the still discernible traces of ethical and political arrogance of European modernity are seen with some exaggeration:

> "...the African does not see beyond his symbols. It may well be said that if he understood their objective significance, they would lose the power that they exercise over their lives."[4]

In classical anthropology African cultures raise the question as to the origin and persistence of cultural laws, the concern over the duration and stability of social regulations, and for the flexibility of their beliefs, the fragility of their forms of exchange, the shifts of their political responses, the unusual qualities of conflict and multiple cultural mutation. This dual, unruly face also becomes threatening in its distance and its progressive decline with respect to the demands of modernization with a proclivity to promote and exploit the degradation of peoples at the peripheries of imperial spheres.

IV. The Museum and Gallery: Equivocal Knowledge; Ritual Objects and Symbolic Matter

The Western world's conceptions of Africa have been linked —sometimes more closely than to texts and anthropological reflection— to the destiny of its images, its objects, and particularly to the strategies of its exhibition. Museums in the first place have played the foremost role in exhibitions in the domain of visual arts, although African objects, figures and scenes also form part of important ethnographic collections. In addition, galleries, as well as narratives in literature, cinematography and more recently advertising and news reports have also played a decisive role in the sketching out a framework of imaginings on the African world. There is something paradoxical in the ethnographic meaning of museums; anthropology demands the possibility of exhibiting objects and photographs, of providing this direct contact with the world by means of validating evidence, yet, there is something in this exhibition of objects that seems to revoke the fundamental principles of anthropology. The objects lose their meaning when they are uprooted from their original context, from their ritual universe, from their mythical references, from the network of actions in which they acquire their signification and their own relevance. In fact, throughout the history of museums there has been confusion between the preferences of antiquarians and the passions of collectors, with the intention to preserve the objects of a culture. Nevertheless, this preservation is at the same time a form of confinement and alienation, while another, alien life and meaning is attributed to these objects.

They are recorded as pertaining to a particular time and history that have nothing in common with their origin, their signification, their ritual use, their power to influence the life and worldview of their traditional cultures. Antiquarians and collectors tend to cut the ties of objects from their homelands, to deprive them of contact with the bodies that created them, to erase the meaning that they acquire in ritual settings and in the technical processes for which they were often destined, to instead create chronologies of their own. They invent affiliations, they make up relationships and analogies based on patterns as they perceive them; they identify and assign styles, they form typologies; they draw connections for categories; they attribute identities to objects always considered within a context of contemporary aesthetic or cultural criteria. In this way, collecting as an activity gives shape to inventories, it invents repertoires, it defines the destiny of pieces based on their allocation in more or less complete series. The pieces are given over to taxonomies: they are described, reduced to pure matter, classified according to the techniques used in their making, or according to colors, forms, motifs, but almost always, at the margin of the intersecting and multiple motivations of their signification, dragged into a sphere where their meaning is destined to be restricted depending on the gaze that commands them. Figures and materials, densely laden with symbolic, religious, cosmogonic, political, ritual significance are converted into mere "pieces"; in this way, objects representing myths, witchcraft, initiation or ceremonies are transformed into "artworks" destined for contemplation. Moreover, in their capacity as objects with aesthetic value, they become marketable, they are coveted as collectors' items resulting from the desire for accumulation.

Despite all this, as an institution, museums at the same time have been an essential instrument, a condition and a great stimulus for anthropological work. The repertoire of objects that are brought together in museums appear as the immediate, easily accessible testimony of the material existence of a world whose meaning may be glimpsed in the ambiguous reflection of these objects. In their form, in the decipherable significance of their representations, it is possible to recognize and reconstruct the meaning of a symbolic universe, of a set of related experiences, of a particular quality of life of ethnic groups. For the anthropologist, the objects appear as the materialization, the synthetic display of a culture, the diffusion of its history and its experience. But also they reflect the essence of the intellectual task of the anthropologist: of his intellectual journey, of his efforts over time in constructing and assembling data and evidence. They are at the same time, an inexhaustible resource for continuous observation, for the reconstruction of their own symbolic universes, but also their study is the beginning of a process of evocation and on more than a few occasions, of nostalgia. Memory and interpretation are continuously fed and restored through the objects, which take on meaning simultaneously key for deciphering culture, as evidence for corroboration, and as underlying layers supporting memory.

But museums are also a text to make this evidence comprehensible. They bring together the elements to make a story; they provide the means, at times tacitly, barely sketched out, to come to an understanding, to gain access to the immense fabric of a culture's meanings. A certain sequence of objects silently reveals a journey of comprehension through "those other" worlds. Each series of objects is an account in which mythical narrations resonate, together with cosmogonic visions, magical actions, signs of rank, kinship rules, destiny of lineages, initiation rites, norms for division of labor, the importance of warrior or priestly hierarchies, prayers, invocations of secret societies, or common rituals to be performed by the group as a whole. Through their form, those objects reveal to whom prayers, dances, group meetings are dedicated; they condense memories, prohibitions, prescriptions or elements that participate in ritual encounters, or they allude to cosmogonic or religious deities or episodes, they become propitiatory or forbidden instruments for action, be it economic, military, or social. Objects are the point of anchorage for innumerable accounts of collective and individual experiences; they are knots in which habits are tied to beliefs. At the same time, they make it possible to synthesize the magical imagination and skill required to influence bodies and words to insure survival.

Nevertheless, museums have a history and tradition of

their own. They are an institution that originated in the West and their role entails a fundamental ambiguity. Not only have they been at the origin of the exploration and interpretation of material from journeys, histories, mute and indirect testimonies, tacitly synthesized in the form and matter of things. They have also been a place expressly destined to insure the presence, consecration, value and marketing of artworks. They have been modeled in their forms, settings, exhibition techniques, environments, territories, classification systems, and in their gazes, by the history of the institution of art, their canonical forms of enjoyment or contemplation, and for their participation in the laws of marketing. Place and meaning of museums have also been transformed in relation to the demands for aesthetic valuation of objects in a context of establishing an autonomous system of appreciation.

The link between the museum and art has contributed to emphasize the autonomous valuation of individual art object in modern times —and to the commercialization to which it is subject— and it has illuminated and highlighted African objects as matter of aesthetic appreciation, but also, it has obscured and even more disfigured the original meaning of those objects. The discovery, exploration and even systematic appropriation of African objects undertaken by artists of contemporary vanguard movements in art —particularly notable in the work of Picasso, as well as Vlaminck, Modigliani, or Kirchner, among many others—of their forms, techniques of representation, figurative schemes, geometric modulations and exploration of corporal or figurative schema, of the symmetries and asymmetries of their physiognomies and their compositions, has converted the repertoire of African objects into a source, reference and pillar supporting aesthetic ruptures and ultimately led to its own reinvention that constitutes the contemporary horizon in art. The African object participates in the "logic" of aesthetic appreciation in a paradoxical way: the moment when it achieves its maximum aesthetic acceptance coincides with the loss of its capacity to disturb the conventional criteria of the history of Western art, which spells its way out

as a cultural object with its own intrinsic identity. This occurs precisely when its function as a repository of memory and symbolic meaning is eclipsed. This is not because in traditional cultures, such as in Africa, there is no demand for aesthetic enjoyment —in fact, in many of them, such a demand is even stronger, more omnipresent than in our own culture; it impregnates its forms of life in a much more intimate way; perhaps what occurs in traditional cultures is that boundaries are not clearly marked between aesthetic valuation and cosmogonic signification, symbolic interpretation, ritual meaning, social relevance and practical utility of objects. The aesthetic meaning of objects is confused with their symbolic function, intrinsic in the liturgy of cults, in the constellations of symbols used in rituals. Its aesthetic strength confers the magical potency and its capacity to affect whoever participates, but its essence also involves meanings, orientations and practical goals —hunting, fishing, agriculture— it implies a complex of didactic methods allowing for the preservation and transmission of practical, medical or even ethical knowledge from one generation to the next, with signs of prestige and reciprocity, memory and indication of lineages, cosmogonic and mythical evocations, attributes of identity of whoever wears, possesses or consecrates them. This symbolic density of objects is often dissipated with the economic requirements of museum exhibition designers.

African presence burst into Latin America at almost the same time as the Conquest. This presence has been marked from the beginning by slavery. Nevertheless, from that outcast, punished, silenced position subdued by the barbarity of the conquerors, and often, also of the conquered, African presence managed to gradually enter the visions, the religious practices, rituals, cults, narrations, dances, music, poetry of vast extensions of the continent: from the Antilles and Mexico, down to Peru and Brazil in an unarticulated and at times almost imperceptible way. It is time to bring these silent fusions out into the open and affirm their silent roots.

Mexico, D.F., June, 2002

Notes: next page

NOTES

[1] Jean-Paul Sartre, "Portrait du colonisé," in *Situations*, V, Paris, Gallimard, 1964, p. 54.

[2] Michel Leiris, "Message de l'Afrique," in *Miroir de l'Afrique*, Paris, Gallimard, 1996, p. 878.

[3] A.R. Radcliffe-Brown, "Introducción," in A.R. Radcliffe-Brown and Darryl Forde (coords.), 1950, *Sistemas africanos de parentesco y matrimonio*, Barcelona, Anagrama, 1982, p. 57.

[4] Meyer Fortes and E.E. Evans-Pritchard, "Introduction," in M. Fortes and E.E. Evans-Pritchard (eds.), *African Political Systems*, London, Oxford University Press, 1940, p. 18. (The emphasis is mine. R.M.)

Decolonizing the Gaze
ERY CAMARA

Translation: Debra Nagao

*Freelance Curator. Professor of Museum Studies
and Art History at the Universidad Iberoamericana
and Casa Lamm, Mexico City*

> *He who will lend you his eyes, will make you see where he whishes.*
> WOLOF SAYING, SENEGAL

For the second time the Museo Nacional de Antropología (National Museum of Anthropology) in Mexico City is presenting an exhibition of traditional African art. The first was in May 1975, with the collection of the Dakar Museum (Institut Fondemental d'Afrique Noire, IFAN) and of the poet Léopold Sédar Senghor (1906-2001), the first president of Senegal.

This exhibition offers the public an opportunity to experience African art directly, to appreciate its formal and conceptual expressions, as well as to reflect on its originality and its function within the heart of the communities that created it. The exhibition is organized around themes including cycles, activities and contexts in which artistic expressions become appropriate means to transmit sensibility, beliefs and spirituality among African communities.

Beyond their formal qualities, masks, costumes, statues, utensils and adornments symbolize an organization of accumulated knowledge within the traditions of each ethnic group. They serve to consolidate and at the same time to participate in the equilibrium of vital forces and the movement of the cosmos. Consequently, they are conceived of as dwelling places of spiritual power. Once these objects are activated, they are imbued further with the word granting them such power, with the rhythm giving meaning to their forms via creative rites, and with cults giving them life and keeping these forms alive.

Although these works are from different regions in Africa, they share a certain resemblance or relationship expressed as a kind of unity within their diversity. Their heterogeneity may be seen in the varied generations, regions and styles distinguishing their creators. In some African communities, these artworks form part of the most efficacious means to direct social transformation. They are not restricted to sharpening sensibility or to fostering good taste, rather they are extensions of being itself that as a whole serve to inform and educate humankind. Because they form an integral part of social and spiritual life, experiencing their intensity, enhanced by music, dance or spiritual absorption, is a practice with established rules guiding their makers. Their survival and mutations insure art possesses the dynamism of a living organism in the hands of these African creators. For our ancestors, the key to being an artist is essentially a love for life and a faithfulness to its celebration. The purpose of this art is to alienate hostile forces and to invoke benign ones. Therefore, it matures based on a permanent teaching in which each individual may apprehend the essential values inherent in the act of creation, depending on his or her innate aptitudes and level achieved in the acquisition of knowledge. The religious and functional character of African art is in no way an obstacle inhibiting the creativity of artists or the eloquence of its forms. In the words of Bodiel Thiam:

...inseparable from practice or religious and social representation of Africa, our masks and statues are not objects made solely for contemplation, nor simply as cult objects. They must be imagined in movement, worn by ritual dancers in paroxysmal movements of the communion between man and the cosmos. Then they become the expression of high Black African civilization, in such a way that what is said with them cannot be repeated completely by anyone else.[1]

As a result of this complexity, many African or foreign researchers still face difficulties in gathering information on the secrets sealing initiations, words and practices reserved solely for the initiated. The criteria legitimating the use of these objects and the criticisms employed to evaluate their qualities are found in the languages of each ethnic group. However, the esoteric knowledge linking cultural expressions with the invisible world of the ancestors and of the supreme being is not accessible to just anyone; this legacy is preserved among the most experienced initiators in each caste and is transmitted solely to those who have demonstrated clear merit in that school of initiation. It may be said that the languages and wisdom of these guardians of tradition are now forms of resistance that have protected the secret of activating these objects.

In fact, the obstacles hindering the study of African art increase with the meeting of African and Western civilization. Such a situation is due to the latter's presumption of superiority and the flood of different versions, stereotypes and clichés disseminated in the world to justify the exploitation and colonization of the continent. The colonial enterprise was bent on combating traditional systems of organization and education in order to be able to introduce Western values, while European intellectuals, scientists, missionaries, administrators and soldiers devoted themselves to disqualifying or looting African heritage. Due to these historical antecedents, objects that were found on altars or in sanctuaries, or employed in ritual ceremonies, became prisoners to theories alien to the cultures that produced them. Some writers dare to ignore oral tradition and memory together with the experience and awareness that Africans have had of their art since prehistory, to declare illusions of the following sort:

African art is, therefore, not a linguistic term nor a conceptual category that neutrally indicates or defines a preexisting objective reality, but rather it is the expression by means of which the notion of what is foreign has been translated into what is one's own in a given historical period. Both the concept of "art" as well as that of "Africa" are historically variable in meaning and extension, and culturally they sink their roots in the West. African art is born in the twentieth century in Europe, under the impulse of artistic vanguard movements, to later be exported to Africa and to become an element constituting Pan-African identity. Conditions necessary for the existence of African art are the institution of the museum and the apparition of an outward-looking gaze toward the continent. A Vasco de Gama to undertake the voyage around the Cape of Good Hope is necessary, a technique that makes it possible, cartography that captures his experience, writing that transmits memory.[2]

I think that this quote typifies the pitfalls that I wish to highlight and submit to the critical eye of those who hold a more serious passion for expressions of African art. Statements of this kind are inherited from phenomena such as Social Darwinism or philosophies or sciences justified more by usurpation than by fidelity to the spirit of rationality. There are thousands of similar statements made by great intellectuals or western scientists who believed that their unilateral vision defined universality.[3] The pretense of being unaware of cultural and commercial exchange and the contact of the continent with the ancient world to decree and dictate to the world an altered vision of the "other" reduced the credibility of Western humanism. At the same time, as recent research appears in chronicles, files and excavations, what is evident is the constant transcending function of art in African religions and life.

It would be unfair to say that all Westerners contributed to the denigration of the values of African people. There are exceptions to the rule who have persistently opposed sterile speculation. Fortunately, today cultural exchange offers us the possibility of reviewing all these theoretical inventions that tend to disintegrate under the least scrutiny, to advocate better means of encounter and co-existence. In the Western world, as in Africa itself, more and more voices are being raised in opposition to this usurpation of functions deforming reality, but they continue to be a minority. As a result of this background clouding the viewer's perception of these objects, we must recognize that their appreciation in a museum is still not a habit or custom among the vast majority of the people in Africa. Obviously, one has to take into account the transformations brought about by new religions and the new conditions in Africa, in addition to the way in which nations preserve or re-create this shared heritage. It cannot be denied that Africans who have converted to other religions and those who share few connections with their traditions today see these objects in different ways. The conditions and displacement have an influence on our awareness and perception of this heritage. We should also heed the criticism expressed by African intellectuals, who view the phenomenon of museum display of African art as contradictory:

> One perceives right away what is incongruent about placing every original cultural element in museums, in imitation of Europe, labeling, conditioning, as if it were a shiny new beetle, a thing devoid of its very life substance. It is understandable in the end is why what remains of Africans in Africa becomes a source of mad fun when they take it to "our museums." For them, the object lacking function and made banal in the process within the context of the museum, is no more than the product of intellectual deviations of elements alien to their culture: A foreign way of thinking imposed onto a real condition. And they laugh at all of this because they alone still possess this Brechtian power of distancing themselves that allows them to distinguish the drama from the melodrama, the problems of antiquated remnants of the useless, old things, the scene of gaudy trinkets on loan.[4]

This incisive observation by Benin philosopher Stanislas Adotevi reveals some of the difficulties that still cannot be overcome in the different forms of preservation of collective memory distinguishing Africa from the West. In most communities, many of the works, once their functions have been fulfilled, were either abandoned or else touched up for later use, while those perceived as no longer efficacious were burned. Today, many of these customs have changed, as well as the ways of appreciation of the past, nevertheless, many communities continue to practice their traditional beliefs.

The introduction of African heritage into Western collections took place in many ways. Some commercial exchange occurred in the buried past; then as exploration expanded, more ambitious projects arose, such as the looting on which the so-called universal exhibitions of the late nineteenth and early twentieth centuries were based. These reached the limit by presenting alongside the pavilions, an African village with its nearby inhabitants as their spoils. It is under these circumstances that African cultures began to be promoted as spectacles, via safaris and the cultivation of a thirst for the primitive in a European population that felt sophisticated as a result of the Industrial Revolution.

At the beginning, disdained and relegated to cabinets of curiosities, then passing on to be considered savage, natural, primitive, black, African, now more neutrally described as *premier* or "first" according to some French writers, the highly polemic topic of African art met with a good deal of reticence as part of a mentality more disposed to dominate than to understand and accept difference. All these descriptive terms illustrate the successive intentions of domination and conditioning that different generations have imposed on the interpretation of foreign culture. It is not a matter of condescending gazes, but rather in most cases, of ignorance hidden behind arrogance. These works, referred to as curiosities, at times misidentified as fetishes or idols, made the journey from museums devoted to natural history, ethnography and finally to art. Sparking many controversies on the way, they ultimately ended up unmasking the mode of colonization along their course and its consequent repercussions.[5]

We do not know if it has been possible to show that artworks, once isolated from the context in which they were produced, will always speak the language of whoever has appropriated them, of those who retain the power to interpret them as they please, shielding themselves in science, aesthetics, history or anthropology. As Lévi-Strauss would say, the fact that we look at works and their creators closely or from a distance does not change anything, unless that gaze is critical of itself and capable of recognizing that the eye is an educated organ. Looking, observing, contemplating, living aesthetic experiences are not enough. It is also necessary to listen, to let others speak, to hear what they have to tell us, without rushing to pigeon-hole them in comfortable and often erroneous analytical categories that tend to reduce the complexity of what we are seeing under the shelter of scientific clarity and objectivity much sought after in Western thought.

These reflections corroborate the warnings of Ahmadou Hampaté Ba, who without the pretension of disavowing the noteworthy efforts of illustrious ethnographers, said:

> Actually, very often they attribute to us intentions that are not our own, they interpret our customs as a function of a logic that without ceasing to be logical, is not logical for us. The differences of psychology and understanding falsify interpretations born from the outside.[6]

The conflicts of some researchers in recognizing their limitations in viewing the contributions of such a unique an aesthetic are expressed in contradictions and ambiguities that have still not been overcome. Many of these obstacles to penetrating the secret of African art were born from inherited biases and from the presumption of superiority attributed to the majority of colonizers. Books abound on the subject; they illustrate the vision formulated by the Western gaze, for the most part by explorers, adventurers, administrators, specialists and western scientific societies. These publications disseminate the perceptions and contradictions, contributions and remorse of their authors. Some adopt the form of manuals prescribing formulas for how to see, to test authenticity or to collect pieces based on Western criteria. At the same time, other more cautious and humble volumes come to light that little by little rectify the errors that persist in the literature. More recently, research has appeared in books written by African intellectuals to defend and disseminate their artistic heritage on its own terms. There have been many collaborative efforts in this field that enrich our knowledge on the subject; nevertheless, much still remains to be done in the area of interpretations less influenced by the impact of colonization.[7]

Both eurocentrism as well as exoticism fostered by colonization and tourism have contributed to deviations that have weakened scientific criteria applied to many discussions of these fragments of an inexhaustible reality. It is worth, then, discarding this unsustainable mesh of colonized gazes to apprehend the creative act within the traditional context of Africa. These objects constitute testimonies, that still preserve, in their hibernation, secret revelations for those who are attentive to their age-old values. An African would never choose a museum as the place to venerate a statue or a mask, the destination of these pieces was never imagined to be a museum. Both the process of the expansion of museums as well as auctions promoted by antiquarians, collectors or art galleries have created other values in these objects that cannot substitute the original efficacy they possessed among their creators. For many of us, it is thanks to the museum that we even have access to these testimonies, which in any other way would have long been forgotten, destroyed or perhaps subjected to other forms of preservation that we do not even know.

The presence of these objects in an exhibition tells us of living traditions that are in a constant state of renewal. They embody a power that is consolidated through an aesthetic awareness capable of giving life to their presence. We have the opportunity to see these objects as evidence of a talent that does not imitate or reproduce nature to create a symbol that is not to be confused with the power that it houses. Its goal was to summon forces, to establish and maintain connections with what is sacred; now its aesthetic and ethnological value allows us to distinguish the nature of its functions. It is matter through which spirit adopts form; it is said in some languages that art is the way in which eternity may be seen to reverberate in human reality, but transfigured into new appearances. Inexhaustible reserves of meanings, symbols are at the same time an opening and a covering; they occupy the gap in which a secret may be revealed or hidden. So it may be said that the workshops and tools of some creators become sanctuary residences where transmutation inspired by the primordial act of creation takes place. By becoming a symbol, all beings or intermediaries between human and divine realms, life and death, annul their physical limits and cease to be isolated fragments to become part of a broader system unifying local cosmology. These creative processes make man into a figurative crossroads of symbolic correspondences linking him to the interacting and interdependent network of cosmic forces. The Bantu conceive of this network as a spider's web in which it is impossible to make a single fiber of the web vibrate without shaking the entire web. This knowledge awakens in artists the awareness of protecting a clarity residing in all things and beings, at the same time that everything resides within this very clarity. The intelligent recuperation of linguistic heritage may contribute to a better understanding of the meaning of these works.

Speaking of a civilization demands humility and a predisposition to engage in dialogue, knowing how to listen to the pulse that keeps it alive. I have insisted on the effects of colonization because they are not restricted to the African continent, they also affect the perception that others may have of Africa. For me, it is a way of inviting those affected by the process to rid themselves of the binding ties of the past to listen to the beat of each form and what it represents. Then, I believe that the process of decolonizing mentalities confronting a heritage that has already fulfilled its functions, but that continues inspiring interest among scholars and passionates may help individuals not lose sight of the essence of these arts. If we refrain from confusing Africa with the book of formulas made of it and if we avoid any arbitrariness that intervenes on our own experience when it comes time to interpret African heritage, we can possibly appreciate artistic production in a light favoring the communion of the living with the dead. Although our gazes cross and interpret the same legacy, I believe that the more that is known, the more quickly the misrepresentation and anonymity that give rise to ignorance will disappear. No creator is unknown in his village or at court, and there is always criticism in oral tradition accompanying the selection of transcendental features in African artistic production. Each villager knows who to commission the making of a work for the satisfaction expressed in this symbolism that sometimes results in displacement and also interethnic exchange. Experience insures that many artists receive commissions from far and wide, only the circumstances under which many acquisitions of these works were made during the colonial era did not make the name of the artist a priority. All observations expressed here lead me to the conclusion that, given the creative diversity distinguishing the African continent, no generalizations may be made. It is necessary for us to go forward by conducting in research based on mutual respect to regain the awareness that other relations are possible to the extent that we make an effort to recognize past errors and to improve cultural exchange. Celebrating these presences of which I speak, the poet Léopold Sédar Senghor sang:

Oh, classical beauty that is not angular but rather a slender elegant elastic line!

Oh, classical face! From the curved forehead to the forest of aromas

And the large oblique eyes to the graceful bay of the cheek

And the fiery impulse of the twin hills!

Oh, curves of sweetness, melodious face!

Oh, my Lioness, my black Beauty, my black Night, my Black, My Nude!

Ah, how many times have you made my heart beat as the indomitable leopard in its narrow cage!

Chants d'ombre (*Shadow Songs*) [8]

NOTES

[1] Bodiel Thiam, curator of the temporary exhibition "Arte de África ayer y hoy," Mexico, INAH, 1975, p. 10.

[2] Ivan Bargna, *Arte africano*, Madrid, Libsa, 2000.

[3] I recommend the following books providing background information on Western strategies to create profitable images of Africa in the collective imagination: Annie E. Coombes, *Reinventing Africa. Museums, Material Culture and Popular Imagination*, London, Yale University Press, 1994; Jan Nederveen Pieterse, *White on Black. Images of Africa and Blacks in Western Popular Culture*, London, Yale University Press, 1992; Vincent Y. Mudimbe, *The Idea of Africa*, Bloomington, Indiana University Press, 1994, and Sally Price, *Arte primitive en tierra civilizada*, Madrid, Siglo XXI Editores, 1993.

[4] Stanislas Adotevi, Congreso del ICOM, 1971, in Négritudes et nécrologues, Paris, Unión Genérale d'Éditions, 1972, p. 293.

[5] Lourdes Méndez, *Antropología de la producción artística*, Madrid, Síntesis, 1995, p. 264.

[6] A. Hampaté Ba, *Aspects de la civilization africaine (personne, culture, religión)*, Paris, Présence Africaine, 1972, pp. 31-32.

[7] After independence, publications written by intellectuals such as Léopold Sédar Senghor, Chiekh Anta Diop, Théophile Obenga, Ahmadou Hampaté Ba, Joseph Ki Zerbo, Alassane N'Daw, among others, were more accessible.

[8] Léopold Sédar Senghor, Toko Waly, poem translated by Publio Mondéjar in *Poesía de la negritude*, Madrid, Fundamentos, 1972, p. 81.